나는 블로그로 월급보다 많이 번다

정태영(짜루) 지음

경이로움

네이버 IT·인터넷 분야
1위 블로거가 되기까지

나는 국내 블로그 플랫폼을 양분하는 티스토리(카카오 블로그)와 네이버 블로그를 합쳐 전체 순위를 매기는 '블로그차트(BLOGchart)'에서 IT·인터넷 분야 1위, 전체 2,142만 4,547개 블로그 중 2위에 해당하는 '짜루의 이것저것 리뷰(blog.naver.com/skdaksdptn)'를 운영하고 있다. 현재까지 블로그 누적 방문자수는 약 5,700만 명이고, 하루 평균 3만 명가량의 검색 이용자가 IT·인터넷 관련 정보를 얻기 위해 내 블로그에 방문하고 있다(2023년 11월 기준).

9년 차 블로거인 나는 '네이버 블로그' 하나의 머니 파이프라인

만으로 대한민국 직장인 평균 월급(2021년 기준 약 327만 원, "2021년 고용형태별 근로실태조사 보고서") 3배 이상의 수입을 올리고 있다. IT 테크 분야에서 흔히 '파워블로거'라고 불리는 영향력 있는 인플루언서로 성장했으며, 삼성전자, LG전자, LG U+, KT, 델(Dell), 에이수스(ASUS), 소니, 캐논 등 기업들과 협업해 수많은 콘텐츠를 만들었다. 지금도 여전히 많은 기업과 일하며 활발하게 활동하고 있다.

블로그 수익이 월급을 넘어서는 순간 퇴사했고, 지금은 매일 집에서 컴퓨터 앞에 앉아 네이버 블로그로 출근한다. 더 이상 비전 없는 회사에서 소위 '짜치는(수준이 떨어지거나 없어 보이는 경우에 사용하는 속어)' 일을 하지 않아도 된다. 강제성을 띠지 않아 자신과의 싸움을 신경 써야 하지만 사람 때문에 겪는 스트레스는 없다. 그리고 매일 왕복 2시간짜리 출퇴근 지옥철, 지옥버스에 몸을 싣지 않아도 된다. 무엇보다 가장 만족스러운 점은 내가 열심히 일한 만큼 더 많이 벌 수 있다는 사실이다.

이런 날이 올 줄 전혀 예상하지 못했다. 블로그 닉네임으로 사용하고 있는 '짜루'는 10년 가까이 함께했던 반려견의 이름이다. 이는 내가 처음부터 영향력 있는 인플루언서가 되겠다는 당찬 포부 같은 건 전혀 없었음을 의미한다. 그저 오랫동안 네이버 블로그를 일기장, 메모장, 대학 과제물 저장용으로만 사용했었다. 만약 네이버 블로그가 돈이 되는 플랫폼인지를 미리 알고 성장시킬 수 있다는 확신까지 있었다면 처음부터 활동 주제와 관련된 기막힌 닉네임을 지었을 것이다.

나는 정말 예기치 않은 기회로 네이버 블로그 수익화에 발을 들였다. 처음에는 IT테크 아닌 맛집 콘텐츠로 활동을 시작했다는 사실에 주목해야 한다. 네이버 블로그에 대해 아무것도 모르던 내가 여기까지 오는 데 6년이란 시간이 걸렸다. 체험단 외 다양한 수익화 방법으로 월세, 월급처럼 통장에 돈이 입금될 수 있다는 사실도 늦게 알았다. 오랫동안 무수히 많은 시행착오를 겪었다. 그 과정에서 시간을 낭비하고 있는 것은 아닌지 끊임없이 의심했다. 지친 몸을 이끈 퇴근길의 지하철, 버스에서 스마트폰을 부여잡고 콘텐츠를 만드는 일이 괜한 짓이 되진 않을까 불안해했었다. 그런데 그런 의심과 불안은 오히려 내 성장의 원동력이었다. 익숙한 회사 업무가 아닌 새로운 일에 도전하고 행동했기에 느낄 수 있는 감정들이었다. 지금도 미래에 대한 불확실성은 나를 끊임없이 움직이게 만든다.

현재 당신이 직장에서 매달 나오는 안정적인 월급을 받고 있다면 이런 나를 보고 왜 그렇게 피곤하게 사냐며 안타까워할 수도 있다. 매일 아침 수면부족에 시달리며 출근하던 과거의 내 모습을 본 동료들이 그랬던 것처럼 말이다. 하지만 지금은 어떨까? 그들 중 열에 아홉은 과거에 꼭 네이버 블로그가 아니더라도 N잡에 관심을 갖고 뭐라도 시작하지 않았음을 후회하고 있다. 부모님과 자녀에게

들어가는 돈은 해가 지날수록 큰 폭으로 증가하지만 직장 월급은 물가상승률을 따라잡기도 어렵기 때문이다. 이건 요즘 어디를 가나 듣는 이야기다. 그럴 때마다 나는 항상 "지금이라도 당장 뭔가를 시작하세요!"라고 말한다.

안타깝게도 5년, 10년, 20년 뒤 미래를 걱정하면서도 지금 당장 무슨 일이 되었든 행동하는 사람은 매우 드물다. 왜? 온종일 직장, 육아로 힘들었으니까! 무적의 논리다. 나도 8년 동안 직장 생활을 했기 때문에 100% 공감한다. 그러나 고생한 만큼 즐겨도 된다는 보상 심리는 당신이 새로운 것을 도전하는 데 필요한 첫발조차 뗄 수 없게 만든다. 물론 다양한 책을 읽고 강의도 찾아다니며 무엇을 할지 항상 고민하고 있는 사람도 있을 것이다. 하지만 '때를 기다리다가 언젠가는 할 거야!'라는 다짐은 결국 아무것도 하지 않겠다는 다짐이 될 확률이 높다. 주변만 둘러봐도 계속해서 다짐과 자기반성만 반복하는 사람이 얼마나 많은가?

따라서 행동하기 위해서는 들인 노력에 합당한 보상을 기대할 수 있다는 확신이 있어야 한다. 우리는 계산적이다. 하루 24시간 중 최소 8시간 이상을 회사에 쏟는 직장인이라면 더더욱 자신의 시간 자원을 사용할 만한 가치가 있는 일인지 신중하게 계산할 수밖에 없다. 그런데 회사의 업무 일정도 내 마음대로 되지 않는데 새로운 도전의 성공 가능성을 왈가왈부하는 것은 어불성설이다. 오히려 기간을 정해놓고 하루라도 빨리 부딪쳐보는 것이 중요하다. 준비는 짧게 해서 자주 실패하더라도 실행력을 높여야 한다. 내가 네이버 블로그로 꾸준하게 많은 돈을 벌고 퇴사까지 하니 회사 동료들과 친구들은 마치 나를 대단한 사람인 양 치켜세웠다. 하지만 그들과 같은 사무실에 앉아 있던 내가 달라봐야 얼마나 다르겠는가? 그렇게 생각하는 것이 익숙함에서 벗어나 새로운 일에 도전하고 노력하지 않는 자신들에게 위로가 되기 때문이지 않을까? 그들과 나의 차이는 행동을 했냐, 안 했냐가 전부다.

네이버 블로그를 운영하는 일 역시 마찬가지다. 가독성 높은 글을 쓰고 멋진 사진을 촬영하는 등 양질의 콘텐츠를 만들기 위해 처음부터 만반의 준비를 할 필요가 전혀 없다. 그러면 두려움만 커질 뿐이다. 처음에는 기본적인 내용만 숙지해서 PC, 스마트폰에 블로그 에디터를 띄어놓고 뭐라도 쓰기 시작하는 게 중요하다. 그렇게 시작한 후 부족한 부분을 확인하고 보완하며 점차 자신만의 스타일을 완성해가면 된다.

그런데 누군가의 도움 없이 맨땅에 헤딩하듯 시작하면 네이버 블로그를 실질적인 머니 파이프라인으로 만들기까지 오랜 시간이 걸린다. 나는 무려 6년이 걸렸다. 만약 내가 본격적으로 네이버 블로그 수익화에 관심이 생겼을 때 누군가 이 책에 담긴 정보를 나한테 미리 공유해줬다면 훨씬 더 빠르게 성장해 퇴사 시기를 앞당길 수 있었을 것이라고 확신한다. 분명 과거의 나처럼 올바른 방법을 몰라 헤매거나 잘못된 방법으로 시간만 허비하고 있을 누군가가 있을 것이다. 누구보다 높이 비상할 수 있음에도 나는 법을 몰라 활주로만 열심히 달리고 있지 않은가? 세상에 의미 없는 노력은 없다고 생각할지도 모르겠다. 그러나 네이버 블로그 수익화만큼은 정확한 방향성 없는 노력은 아무런 의미가 없다. 그저 시간 낭비일 뿐이다.

이 책이 큰 도움이 될 수 있다. 나는 네이버 블로그로 월급 이상의 수익을 버는 데 많은 시간이 걸렸지만, 당신은 훨씬 더 짧은 시간에 블로그 수익화에 대한 구체적인 방법과 확신을 갖고 나보다 더 나은 결과를 더 빠르게 만들어낼 수도 있을 것이다. 이 한 권에 네이버 블로그 수익화에 관한 모든 내용을 담고자 노력했다. '카더라 통신' '뇌피셜'이 아닌 네이버에서 공개한 정보와 그에 대한 분석, 그리고 일 방문자수가 10명이 채 되지 않았던 블로그를 매달 1,000만 원이 넘는 수익을 안겨주는 황금알 낳는 거위로 만들면서 쌓은 살아 있는 경험과 노하우를 담았다. 경쟁이 심한 키워드를 상위에 노출하지 못하는 블로그를 운영하면서도 관련 강의와 전자책으로 돈 버는 다른 저자들과 비교를 거부한다. 이 책으로 당신도 나처럼 네이버 블로그를 월급 외 수익 채널로 성장시킬 수 있으면 좋겠다. 그래서 든든한 머니 파이프라인을 구축하기를 간절히 바란다.

목차

PART 1   지금 당장 블로그를 시작해야 하는 이유

PART
3

블로그 수익화
방법

PART 4   블로그 운영의 추가 정보

PART
1

지금 당장
블로그를
시작해야 하는
이유

일편단심 샐러리맨, 블로그에서 희망을 보다

나는 뭐 하나 내세울 게 없고 주변에서 흔히 볼 수 있는 그런 평범한 사람이었다. 그저 그런 4년제 대학교 컴퓨터공학과를 졸업하고 직원 수 200명이 조금 넘는 IT 중소기업에 입사했다. 규모는 작지만 오랜 기간 한 분야에서 국내 점유율 1위를 유지하며 코스닥 상장을 앞두고 있던 회사였다. 대기업만큼의 연봉은 받지 못했지만 나름 만족하며 회사와 함께 성장하겠다고 마음먹었다. 그렇게 일주일에 몇 번씩이고 야근하며 하루 10시간 넘게 일했다. 그리고 조직에 조금이라도 더 도움이 되고자 주말에도 자발적으로 출근했을 정도로 회사에 간절했고 충실했다.

때는 선임연구원 2년 차였다. 당시 회사는 기업공개로 코스닥에 상장할 계획을 대대적으로 발표했고, 전 직원에게 스톡옵션이 차등 지급되었다. 그런데 팀에서 나보다 더 오랜 기간 회사에 충성했고 실제로 회사에 없어서는 안 될 존재, 소위 '에이스'로 통하는 수석연구원 P씨에게 할당된 스톡옵션의 수량이 내 것과 큰 차이가 없음을 알게 되었다. 나보다 앞서 10년 동안 회사에 헌신하며 인정받고 있는 그와 나에 대한 회사의 대우가 크게 다르지 않았던 것이다. 그때 나는 내가 그저 조직의 작은 톱니바퀴이자 소모품 그 이상 그 이하도 아님을 깨닫게 되었다. 직급이 높아질수록 더 많은 시간을 회사에 쏟았고 더 많은 책임을 떠안았지만 연봉인상률은 매년 실망스러웠다. 연봉은 매년 평균 3% 정도 상승했지만 애초에 낮은 숫자로 시작했기에 그 돈으로 언제 가정을 이루고 서울에 집 한 채를 마련할 수 있을지 눈앞이 깜깜했다.

물론 좋은 회사에서 능력만큼의 합당한 대우를 받으며 전문성을 쌓아가는 사람도 많다. 그리고 회사 커리어가 자신만의 비즈니스 구축에 도움이 된다면 당장의 감흥이 없는 연봉인상률이 큰 문제가 되지 않을 것이다. 회사에 헌신할 가치가 충분하다. 그러나 슬프게도 나에게 해당되는 이야기는 아니었다. IT업이지만 각종 설비와 공장이 필요한 제조업이기도 한 회사를 다니고 있었기에 그곳에서 배운 걸로 나만의 것을 구축하기는 어렵겠다는 생각이 들었다. 퇴직 연령은 점점 낮아지고 있는데 은퇴 후 나는 무엇으로 경제활동을 이어갈 수 있을지 몇 번이고 스스로 질문해봤지만 명확한 답이 떠오르지 않았다. 현재 시간과 에너지를 바쳐 쌓고 있는 내 커리어에 끝이 있고 그 이후가 전혀 그려지지 않는다면, 지금 당장 나만의 뭔가를 만들어가야 한다는 불안감이 스멀스멀 올라왔다.

실제 통계청의 보도자료("2022년 5월 경제활동인구조사 고령층 부가조사 결과")에 따르면 평균 퇴직 연령은 조금씩 줄어들고 있다. 법정 정년이 55세에서 60세로 늘었지만 평균 퇴직 연령은 49.3세다. 반대로 평균 취업 연령은 해가 지날수록 점점 높아지고 있다. 취업 포털 업체 인크루트가 2020년에 발표한 보도자료("신입사원 입사 연령 IMF 때보다 5.8세 많아졌다")에 따르면 2018년 기준 평균 취업 연령은 30.9세로 10년 전보다 3.6세 늘었다. 자의든 타의든 회사에서 월급을 받을 기간은 20년이 채 되지 않고 그마저도 점점 줄어들고 있다는 것이다.

회사를 다니면서 재테크로 경제적 자유를 이루지 않는 이상 퇴직 후에도 경제활동은 필수다. 미래에셋투자와연금센터의 리포트("투자와연금리포트 54호")에 따르면 한국인의 실질 은퇴 연령은 2018년 기준 평균 72.3세다. 약 50세에 회사를 나와 72세까지 20년 넘게 경제활동을 더 해야 한다는 뜻이다. 그러고도 어느 정도의 노후 준비가 되어 있어야 더 이상의 경제활동 없이 여생을 살 수 있다. 이런 사실이 당신과는 상관없는 이야기라고 생각할 수 있다. 그러나 통계청의 보도자료("2021년 5월 경제활동인구조사 고령층 부가조사 결과")에 따르면 55~79세 고령층 인구의 경제활동참가율은 무려 58%다. 퇴직자 중 절반 이상이 피고용자로 일을 하고 있다는 것이다.

100세 시대를 맞아 50세 이후에도 경제활동을 하는 것은 어찌 보면 당연하다. 그렇다면 혹시 그때 당신은 어떤 일을 하고 있을지 생각해본 적 있는가? 과연 지금 하고 있는 일보다 만족스러울까? 직장 경험과 인맥을 활용해 자신만의 사업으로 크게 성공하거나 고위임직원으로 몇 년간 경제활동을 이어갈 수도 있을 것이다. 그러나 퇴직자의 대부분은 평균 20년 동안 해온 일과는 관련이 적거나 이전보다 고된 일을 하게 될 확률이 더 높다. 보건복지부가 공개한 보도자료("새로운 노인층의 등장, 달라지는 노인세대")에 따르면 취업 노인의 직업은 단순노무종사자(48.7%), 판매종사자·서비스근로자(16.9%), 농어업(13.5%), 고위임직원관리자(8.8%), 기능원(5.6%), 전문가(2.0%), 사무직원(1.1%) 순으로 높다.

막연한 불안함을 느끼던 중 이렇게 혹독한 현실을 접하고 정신이 번쩍 들었다. 그렇게 회사에 일편단심이었던 나는 월급 외 수익을 얻을 수 있는 새로운 머니 파이프라인을 만드는 방법에 관심을 갖기 시작했다.

왜 블로그에 집중했는가?

직장인의 로망이 N잡러가 된 오늘날의 현실에서 알 수 있듯이 돈이 들어오는 '머니 파이프라인'은 다양하면 다양할수록 좋다. 주식, 코인, 부동산, 부업 등 언제부턴가 성인 둘 이상이 모이는 자리에서는 돈 버는 방법에 관한 이야기가 빠지지 않고 등장한다. 어느 것 하나라도 하고 있지 않으면 금수저 혹은 대책 없는 사람으로 보는 시선이 있을 정도다.

나는 스톡옵션 충격 이후 회사에 쏟는 열정과 노력을 다른 데 쏟는다면 더 빠르게 부를 축적할 수 있을 것 같았다. 그래서 각종 투자 관련 베스트셀러를 읽고 경제 스터디에 참여했으며 부동산 투자 강의를 유료로 수강하는 등 경제적 자유를 이루기 위해 다양한 분야에 관심을 가졌다. 그리고 자신감이 생긴 시점부터 그동안 열심히 저축해놓은 돈을 조금씩 투자하기 시작했다.

부동산 투자에 접근하기에는 시드머니가 적은 관계로 주식과 코인으로 종잣돈을 불리기로 계획했다. 아내는 대출을 받아 갭투자로 서울에 아파트를 매매하자고 했지만 나는 주식과 코인으로 더 큰돈을 더 빠르게 벌 수 있을 것만 같았다. 처음에는 순조로웠다. 그러나 시장의 변화에 기민하게 대처하면 할수록 일상은 점점 피폐해졌다. 벌어도 후회, 잃어도 후회였다. 수익이 발생하면 '그때 왜 더 많은 돈을 넣지 않았을까?' 하고 아쉬워했고 손실은 손실대로 속이 쓰렸다. 무엇보다 내가 손절했는데 매도하기만을 기다렸다는 듯이 며칠 뒤 가격이 폭등하는 코인이 하나라도 있으면 그날 하루는 손에 아무것도 잡히지 않았다. 결국 나와 아내가 아껴서 모은 종잣돈의 60% 이상이 증발했다.

주식과 마찬가지로 상승장, 하락장과 상관없이 코인 시장에서도 꾸준한 수익을 기록하고 있는 사람이 어딘가 분명히 있을 것이다. 반면 그렇지 못했던 나는 이 경험으로 주식, 코인 투자는 대외적인 변수에 영향을 많이 받아서 온전한 나의 노력만으로는 좋은 결실을 보기 힘들다는 사실을 깨달았다. 내가 통제할 수 없는 변수들이 나의 자금 사정을 결정했다. 미국의 통화정책, 소비자물가지수, 실업률, 금리정책이 어떻게 변화되는지에 따라 코스피, 코스닥 지수가 바뀌고, 내가 투자한 기업의 실적과 상관없이 차트는 날뛰었다. 코인 역시 대외적인 변수, 거래소의 횡령, 프로젝트의 내부 갈등, 코인 시장 생태계 전반에 걸쳐 광범위하게 나타나는 도적적 해이 등 다양한 문제로 예상치 못한 급락을 여러 번 겪어야 했다.

공격적인 주식, 코인 투자 대신 저금리 대출을 적극적으로 활용해 안정적인 주거 환경부터 만들길 원했던 아내가 거실에서 혼자 울고 있는 모습을 보니 미안했다. 매도하기 전에는 손실이 확정된 게 아니라며 알량한 자존심으로 버티던 내가 정신을 차리는 계기가 되었다.

손실을 메꾸고 아파트 매매에 필요한 시드머니를 만들기 위해서는 수입을 늘려야 했다. 이전처럼 일확천금을 꿈꾸기보다 내가 쏟는 시간과 노력에 상응하는 기대수익을 얻을 수 있는 구조를 만들고자 결심했다. 그래서 체험단으로 외식비를 아끼고 필요한 가전 제품을 협찬받는 용도 정도로만 활용하던 네이버 블로그를 머니 파이프라인으로 만들기로 결정했다. 방문자수를 늘리기 위해 검색 이용자들에게 도움이 되는 정보성 콘텐츠의 발행량을 늘리고, 더 나은 품질의 콘텐츠를 만들기 위해 글쓰기, 사진과 관련된 책들을 읽었다. 절박한 마음으로 평일, 주말 구분 없이 하루에 4시간 정도만 자며 블로그를 키우다 보니 면역력이 약해져 B형간염으로 일주일 동안 병가를 낸 적도 있다. 그런 시간들을 보내고 나니 반년 만에 회사 월급의 1.5배 수익을 블로그로 창출할 수 있었다.

주식과 코인 투자에 시간과 노력을 쏟으면 쏟을수록 더 불안하고 무기력했던 때와 다르게, 성장하는 블로그로 제품 협찬과 콘텐츠 제작 의뢰가 점점 더 많아지는 것을 경험하고 더 큰 영향력을 지닌 블로거가 되고 싶은 욕심이 생겼다. 그래서 네이버 블로그를 주된 수입원으로 만들기 위해 하루도 빠짐없이 품질 높은 콘텐츠를 만들고 발행했다. 그러면서 블로그는 거시적인 대외 변수에 크게 요동치지 않고 내 노력으로 원하는 결과를 만들 수 있는 안정적인 머니 파이프라인이라는 확신이 들었다. 물론 지금은 부동산에 관심이 많고 실제 투자도 하고 있다. 하지만 매달 현금 흐름을 창출해주는 나의 블로그는 여전히 매우 소중한 수익 원천이다.

네이버 블로그가
블루오션인
이유

'레드오션'이라는
인식이 기회다

2020년에 네이버 블로그로 매달 월급만큼의 수익이 발생했고 그 이상도 충분히 가능하다는 확신이 들었다. 그때부터 월급 외 수익을 갈망하는 사람이 보일 때마다 적극적으로 블로그를 시작해보라고 권했다. 그러나 대부분 부정적으로 반응했다. 왜냐하면 네이버 블로그는 이미 레드오션으로 오래전부터 시작한 사람들만 돈을 벌 수 있는 플랫폼으로 생각했기 때문이다. 당신도 비슷하게 생각할지 모르겠다. 하지만 아이러니하게도 '레드오션'이라는 인식이 지금 네이버 블로그를 시작해도 수익화에 성공할 수 있는 이유가 된다.

네이버 블로그는 주식, 부동산, 코인 등 일반 재테크와 다르게 초기 비용이 들지 않고 특별한 지식을 요구하지 않으며 스마트폰 하나만 있으면 지금 당장 시작할 수 있다. 따라서 진입 장벽이 낮아 누구나 쉽게 시작할 수 있기 때문에 레드오션이라고 생각한다. 그런데 당신 주변에 네이버 블로그를 수익화 도구로 활용하고 있는 사람이 얼마나 있는가?

그렇다면 왜 그러한 인식이 강할까? 네이버가 공개한 통계 자료("2021 네이버 블로그 리포트")에 따라 2021년 12월 기준으로 대한민국에 3,000만여 개의 블로그가 존재하기 때문이다. 2021년 한 해 동안만 200만 개의 신규 블로그가 생성되었으며 약 3억 개의 문서가 발행되었다. 분명 엄청난 숫자다. 그런데 그중 수익화를 목적으로 네이버 블로그를 운영하는 사람은 얼마나 될까? 우선 네이버 블로그를 머니 파이프라인으로 활용할 수 있다는 사실 자체를 모르거나, 그 사실을 알고 시작했어도 단기간에 눈에 보이는 성과가 없어 금방 포기하는 사람이 대부분이다. 블로그 상위노출에 대한 강의를 하거나 블로그 운영에 관한 책을 출간한 사람조차도 블로그로 유의미한 수익을 창출하는 경우를 거의 보지 못했다.

네이버 블로그 수익화는 결승선이 없는 마라톤과 같다. 출발선에는 발 디딜 틈이 없을 정도로 경쟁자들이 바글바글하지만 출발한 지 얼마 되지 않아 하나둘씩 낙오자가 발생한다. 2020년에 카카오 프로젝트100 플랫폼에서 '파워블로거에게 배우면서 하는 블로그 1일 1포스팅' 프로젝트를 100일 동안 운영한 적이 있다. 입문자뿐만 아니라 경험자까지 포함해 총 62명이 함께했다. 모두가 열정적으로 시작했지만 30일 이상 작성한 사람은 32명, 50일 이상 작성한 사람은 14명, 100일 동안 문서를 매일 작성하고 올린 사람은 단 3명에 불과했다.

저마다 이유가 있겠지만 블로그 수익화를 도중에 포기하는 가장 큰 이유는 빠른 시간 내 만족스러운 수익을 기대하기 때문이다.

그들은 주식과 코인에 투자하는 것이 맞다. 하지만 빠르게 수익을 얻을 수 있다는 점에는 그만큼 빠르게 손실을 볼 수 있다는 위험 또한 존재한다. 따라서 시간이 걸리더라도 지속적으로 수익이 발생하는 나만의 플랫폼을 만든다는 다짐으로 네이버가 좋아하는 콘텐츠를 꾸준히 작성하고 올리는 사람만이 블로그 수익화에 성공할 수 있다. 그러나 그 꾸준함이라는 게 생각보다 쉽지 않다. 그렇기에 아무나 시도할 수 있지만 누구나 수익화에 성공할 수는 없는 것이다.

직장인이라면 월급 몇만 원을 높이기 위해 1년 내내 상사의 비위를 맞추거나 프로젝트를 성공적으로 마무리하기 위해 노심초사해야 한다. 원하든 원치 않든 개인 여가 시간까지 쪼개서 업무에 도움 되는 기술을 배우고 새로운 지식을 축적해나가야 할 때도 있다. 나 역시 그렇게 열심히 노력했지만 돌아오는 결과는 실망스러웠다. 다음 해 월급이 고작 10만 원가량 인상되는 것이 아닌가! 요즘과 같은 하이퍼인플레이션 시대에서는 물가상승률조차 따라가지 못하는 연봉상승률이다.

지금 이 책을 읽고 있는 당신은 최소한 월급 외 수익을 얻고 싶은 마음이 있을 것이다. 그렇지 않다면 블로그 수익화 방법은 찾아보지도 않았을 것이기 때문이다. 당신이 퇴근 후 1~2시간을 꾸준히 블로그를 키우는 데 투자하다 보면 1년이 채 되지 않아도 매월 최소한 10만 원 이상의 추가 소득을 얻을 수 있다고 자신 있게 말할 수 있다. 그 이상의 수익을 얻는 시간도 매년 연봉 인상을 기다리는 시간보다 훨씬 짧을 것이다. 우직하게 매일 조금이라도 시간을 투자하며 블로그를 키워 월급 외 수익을 만들어보겠다는 결심이 섰다면 계속 나를 따라와도 좋다. 하지만 아직도 간헐적인 노력과 운으로 빠른 수입을 만들고 싶다면? 미안하지만 다른 방법을 찾아보길 바란다. 적은 노력으로 빠르게 수익화에 성공하고 싶은 사람에게 블로그는 레드오션이기 때문이다. 그러나 꾸준함과 우직함으로 자신만의 플랫폼을 서서히 키워나가겠다고 결심하고 행동하는 사람에게 블로그는 여전히 블루오션이다.

앞서 네이버가 2021년 한 해 동안 신규 블로그 200만 개가 생성되었으며 총 3억 개의 문서가 발행되었다고 발표한 내용을 소개했다. 발행된 문서 3억 개를 A4용지에 옮겨 쌓아보면 에베레스트산 높이의 3.6배에 달한다. 특히 블로그 이용자의 60% 이상이 20~30대의 MZ세대인 점이 인상적이다.

◇ 네이버 블로그의 연령대별 이용률 ◇

연령대	10대	20대	30대	40대	50대	60대	기타
이용률	9%	35%	26%	17%	8%	3%	2%

출처: 2021 네이버 블로그 리포트

인스타그램, 유튜브 등 개방형 SNS의 단점인 과잉연결에 지친 MZ세대가 블로그로 모이고 있다. 블로그는 개방형 SNS가 주는 피로감을 조절할 수 있는 플랫폼인 까닭이나. 인스타그램, 페이스북 등은 '좋아요'라는 긍정적인 반응을 얻기 위해 타인의 시선을 의식한 콘텐츠를 올린다. 그래서 결과적으로 대인관계 또는 사회생활의 연장선으로 느껴진다. 반면 블로그는 닉네임, 이웃 기반의 느슨한 연대로 이뤄진 커뮤니티로 자신의 생각, 감정들을 보다 더 솔직하게 드러낼 수 있다. 길이와 상관없이 필요한 정보가 담긴 실용적인 게시물이 많다는 것 또한 블로그의 장점이다. 『트렌드 코리아 2023』에 따르면 현재 콘텐츠 시장에서 숏폼(short-form) 콘텐츠와 롱폼(long-form) 콘텐츠의 양극화 현상이 발생하고 있으며, 1분 이내의 짧은 영상과 블로그의 긴 글이 함께 인기를 얻는 현상은 2023년에 더 심화될 것이라고 말한다.

MZ세대는 원하는 것에 아낌없이 지갑을 연다. 1980년대 초부터 2000년대 초에 출생한 이들은 부모들이 자녀들에게 부족함 없이 돈을 소비하는 풍요로운 환경에서 자라왔다. 따라서 경제력을 갖춘 성인이 되어서도 별다른 고민 없이 원하는 것을 구매하는 성향을 갖게 되었고 소비의 중심축으로 성장했다. 아울러 이들의 제품 선택과 추천은 부모의 소비 의사결정에도 큰 영향을 미친다. 이런 배경은 다양한 업계의 기업이 급변하는 MZ세대의 트렌드를 파악하고 이에 맞춰 신제품을 개발하고 마케팅 전략을 펼치고 있는 이유가 된다.

따라서 기업, 광고주 입장에서는 다양한 SNS 채널 중 MZ세대가 모이는 블로그를 활용한 마케팅에 집중할 수밖에 없다. 이는 네이버 블로그의 수익화 기회가 확장됨을 의미한다. 특정 분야에서 당신의 블로그를 영향력 있는 수준까지 성장시키면 체험단, 제품 협찬, 콘텐츠 제작 의뢰 등 광고주에게 블로그 마케팅 제안을 받을 기회는 점점 더 늘어날 것이다.

네이버 블로그 vs.
티스토리, 워드프레스

네이버 블로그뿐만 아니라 블로그를 운영할 수 있는 다양한 플랫폼이 존재한다. 국내에서는 카카오가 제공하는 티스토리(TISTORY), 오픈소스를 기반으로 한 설치형 블로그 워드프레스(WordPress)가 대표적이며 저마다 장단점이 있다.

✸ 네이버 블로그는 복잡하지 않다

네이버 검색결과에서 티스토리, 워드프레스가 차지하는 비중은 정말 미미하다. 네이버가 의도적으로 네이버 블로그에 올라간 콘텐츠 위주로만 노출시키는 게 아닌가 하는 의심이 들 정도다. 따라서 국내 검색엔진 점유율이 가장 높은 네이버에 콘텐츠가 노출되지 않으면 페이지 전환율이 낮고 이는 수익성 저하로 이어진다.

대신 티스토리, 워드프레스는 구글 검색 노출에 유리하다. 그리고 특정 키워드로 상위노출이 한 번 되면 순위가 쉽게 밀리지 않는다는 장점이 있다. 구글에서 검색을 하다 보면 1~2년 전에 작성된 콘텐츠가 여전히 검색결과 첫 페이지에 노출되는 것을 심심치 않게 확인할 수 있다.

하지만 상위노출을 위해서는 '검색엔진 최적화(SEO; Search Engine Optimization, 웹사이트의 콘텐츠 정보를 검색엔진이 잘 이해할 수 있도록 정리하는 작업)'가 필요하다. 주소 등록, HTML의 메타태그 관리, 웹페이지 로딩 속도 개선, 웹사이트 계층구조 만들기 등 기술적인 측면까지 신경 써야 한다. 구글이 관련 지침을 제공하고 있지만 웹개발자가 아닌 이상 당장 꾸준하게 콘텐츠를 작성하는 것만으로도 벅찬 당신이 구글의 검색 메커니즘까지 챙기는 것은 현실적으로 매우 어렵다. 설사 그렇더라도 일반 노출이 바로 되는 것도 아니다. 구글 검색엔진이 당신이 만든 티스토리, 워드프레스에 어떤 콘텐츠가 게시되어 있는지 와서 확인하도록 별도의 등록 작업을 진행해야 하기 때문이다.

반면 네이버 블로그는 이러한 복잡한 과정이 필요 없다. 그저 계정을 만들고 스마트에디터 ONE(SmartEditor ONE, 네이버 서비스의 창작 도구)으로 글을 작성한 뒤 발행 버튼만 누르면 당신이 작성한 콘텐츠를 네이버 검색결과에서 곧바로 확인할 수 있다. 그리고 네이버에서는 검색엔진 최적화 같은 어려운 작업 없이도 특정 분야에서 검색 이용자들에게 도움이 되는 품질 좋은 콘텐츠를 꾸준하게 작성하면 상위노출을 기대할 수 있다.

✳️ 후발주자에게 유리한 네이버 블로그

티스토리, 워드프레스는 주로 구글에서 방문자 유입이 발생한다. 그리고 검색결과 첫 페이지에 노출된 상위 콘텐츠들은 오랫동안 그 순위를 유지한다. 따라서 활발한 창작 활동을 이어가지 않아도 꾸준한 검색 유입으로 광고수익을 기대할 수 있지만, 이제 막 블로그를 시작하는 사람들에게는 이런 특징이 일종의 장애물이 될 수 있다.

반면 네이버 검색결과에도 역시 신뢰할 수 있는 블로그에서 발행한 품질 높은 콘텐츠가 일정 기간 동안 상위노출이 되지만 유지기간은 짧다. 그래서 상대적으로 굴러온 돌이 박힌 돌을 빼내기가 쉽다. 왜냐하면 네이버는 검색노출 순위를 결정할 때 콘텐츠의 최신성을 반영하기 때문이다.

블로그 수익화는 상위노출에 큰 영향을 받는다. 따라서 머니 파이프라인으로 블로그를 선택한 후발주자에게는 상대적으로 상위노출이 유리한 네이버 블로그가 티스토리나 워드프레스보다 좋은 선택이 될 수 있다.

✳ 사람이 많이 모이는 곳에 돈이 모인다

기대수익 측면에서도 네이버 블로그가 더 유리하다. SNS를 마케팅 채널로 사용하려는 광고주 입장에서는 국내 검색엔진 점유율이 높은 플랫폼을 선택하는 것이 당연하기 때문이다. 다음 페이지에 나와 있는 고객 데이터 통합 플랫폼 다이티(Dighty)의 분석 자료에 따르면 2022년 2분기에 검색엔진 중 네이버가 차지하는 비중은 62.91%로 구글(30.75%)보다 2배 이상 높다.

'사람이 많이 모이는 곳에 돈이 모인다'는 말이 있다. 광고주가 최대한 많은 사람에게 상품과 서비스를 노출하기 위해 구글보다 네이버를 더 선호한다는 것은 누가 봐도 자명한 사실이다. 광고매체로 활용할 수 있는 영향력 있는 네이버 블로그의 개수보다 광고하

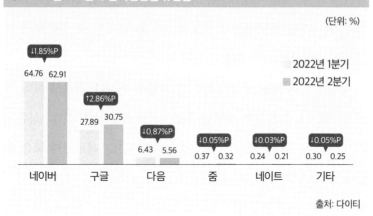

◇ 2022년 1~2분기 검색엔진별 유입률

(단위: %)

- 2022년 1분기
- 2022년 2분기

네이버	구글	다음	줌	네이트	기타
↓1.85%P	↑2.86%P	↓0.87%P	↓0.05%P	↓0.03%P	↓0.05%P
64.76 62.91	27.89 30.75	6.43 5.56	0.37 0.32	0.24 0.21	0.30 0.25

출처: 다이티

길 원하는 상품과 서비스가 압도적으로 많은 점도 분명 기회다. 따라서 당신이 조금이라도 빠르게 수익을 창출하고 싶다면 다른 플랫폼이 아닌 네이버에서 블로그를 성장시켜야 한다.

글쓰기가 당신을 바꾼다

글쓰기. 이 세 글자에 가슴이 먹먹해지는 사람이 있을 것이다. 나또한 그랬다. 학창 시절에 선생님이 내주는 독후감 숙제는 독서도 벅찬 나에게 엄청난 부담이어서 인터넷에 나와 있는 줄거리를 그대로 적어 낸 적이 있다. 문제는 나뿐만 아니라 약 10명 정도의 반 친구가 같은 내용으로 독후감을 작성해서 다 같이 혼이 났었다. 그때 많은 사람이 글을 읽고 쓰는 일을 싫어한다는 걸 처음으로 알게 되었다. 요즘같이 손가락만 움직이면 원하는 정보와 흥밋거리를 쉽게 얻을 수 있는 환경에서 바쁜 현대인들이 굳이 자기 생각이나 특정 정보에 대한 글을 쓸 필요성을 느끼기는 더욱 어렵다. 하지만 8년 정도 블로그에 꾸준히 글을 써보니 왜 성공한 사람들이 하나같이 글쓰기 습관을 강조하는지 이해가 된다.

첫 번째, 글쓰기로 '메타인지'를 강화할 수 있다. 먼저 메타인지란 '인지에 대한 인지'로 자신이 무엇을 알고 모르는지를 객관적으로 확인할 수 있는 능력이다. 메타인지가 뛰어난 사람은 자신이 명확하게 아는 영역과 모르는 영역을 구분하고 모르는 것을 다시 공부해 습득한다. 이런 사람들은 정확한 지식을 바탕으로 올바른 의사결정을 하게 될 가능성이 커진다. 이러한 양질의 의사결정이 모이면 좋은 인생을 살 가능성 또한 높아진다.

글쓰기가 이런 메타인지를 효과적으로 높인다. 당신이 최근에 알게 된 개념 혹은 정보에 대해 직접 글을 써보면 무슨 말인지 알게 될 것이다. 이미 다 아는 내용이라고 생각했어도 직접 글로 쓰다 보면 분명 막히는 부분이 생긴다. 그럴 때 비로소 알게 된다. 내가 알고 있다고 생각한 내용이 정말 제대로 아는 게 아니었다는 사실을. 나 또한 블로그에 글을 쓰면서 생각보다 해당 주제에 대해 알고 있는 것이 없다는 사실을 깨닫고, 그때마다 모르는 부분을 찾아 공부하며 IT·컴퓨터에 대한 지식을 채워갈 수 있었다. 그러다 보니 더 많은 곳에서 의뢰가 들어오기 시작했고 이전보다 겸손한 태도로 세상을 살아갈 수 있는 자세도 덤으로 얻었다.

두 번째, 꾸준하게 글을 쓰다 보면 '논리적인 사람'이 된다. 하나의 주제로 글을 쓰기 위해서는 서론, 본론, 결론이라는 전반적인 글의 구조뿐 아니라 문단과 문단, 문장과 문장 사이의 자연스러운 흐름을 생각해야 한다. 자신이 하고 싶은 말을 그냥 쓰다 보면 무슨 말을 하는지 모르는 문제가 발생하기 때문이다. 그래서 강조하고 싶은 내용을 설득력 있게 쓰기 위해 주장에 대한 근거를 찾고, 문장과 문장 사이의 빈 곳을 연결하는 연습을 하다 보면 자연스럽게 이성적이고 논리적인 능력이 강화된다.

블로그에서 주로 전자제품 사용 후기를 공유하는 나는 각 제품의 특징이 정말 차별점이 되는지 이유를 찾고 서술하는 과정에서 논리적인 사고력이 많이 향상됨을 느낀다. 어느 순간부터 누군가 하는 말을 곧이곧대로 듣기보다 그 주장에 대한 근거를 묻거나 찾아보면서 논리적으로 맞는지 직접 확인하게 되었고, 그만큼 잘 모르는 상태에서 현혹되거나 휩쓸려서 의사결정을 하게 되는 빈도도

현저히 낮아졌다. 논리적으로 맞다고 판단되는 경우에만 확신을 갖고 다양한 선택을 하다 보니 더욱 만족스러운 삶을 살게 되었다.

세 번째, 글쓰기를 꾸준히 하면 '자신'을 잘 알게 된다. 인간은 누구나 자신의 정체성을 확인하고 견고하게 구축하려는 욕망이 있다. '내가 어떤 사람인가?'는 좋아하는 것, 존경하는 사람, 기분 좋았던 경험 등으로 확인할 수도 있지만, 자신이 어떻게 글을 쓰는지로도 확인할 수 있다. 글을 쓰다 보면 자신이 선호하는 말투, 예시, 서술 방법 등에 공통점이 보이기 때문이다.

나는 다양한 미사여구를 서술하기보다 담백하게 핵심 위주로 글 쓰는 것을 선호하고 최대한 쉬운 예시로 이해를 돕는 걸 중요시한다. 평소 대화에서도 불필요한 설명을 줄이고 핵심 위주로 간단하게 소통을 하려는 성향이 있는데, 이런 나의 특성이 글에도 고스란히 반영되고 있다. 또 '최대한 타인에게 친절하자'라는 삶의 신조는 IT·컴퓨터 분야를 잘 모르는 사람에게도 쉽게 설명하려는 글의 형태로 나타나고 있었다. 이렇게 글을 쓰며 내가 어떤 사람인지를 확인하면서 예전보다 정체성이 더 견고해진 느낌을 받는다.

메타인지와 논리성을 높여 객관적이고 설득력 있게 자신의 주장을 하고 싶은 사람, 후회 없는 의사결정력을 높이고 싶은 사람, 자신에 대해 더 잘 알고 싶은 사람들에게 글쓰기는 굉장히 좋은 훈련 도구가 될 수 있다.

블로그
운영의
기초

블로그의 영향력은
검색 상위노출에
달렸다

기대수익은
노출력에 비례한다

블로그의 영향력은 곧 검색 상위노출 능력이다. 당신이 성수동에서 루프탑이 있는 카페를 찾는다고 가정하자. 아마 네이버에서 '성수동 루프탑 카페'로 검색할 것이다. 그리고 검색결과 상위에 있는 콘텐츠들을 위주로 살펴보고 방문할 카페를 결정할 것이다. 성수동 루프탑 카페를 소개하는 콘텐츠는 셀 수 없이 많다. 그 가운데 비슷한 콘텐츠라도 검색결과 상단에 있느냐, 스크롤바를 끊임없이 내려야 하는 하단에 있느냐에 따라 자신의 콘텐츠가 검색 이용자들에게 많이 노출될 수도 있고, 아예 발견되지 않을 수도 있다.

많은 사람이 궁금해하는 내용으로 콘텐츠를 만들고 상위노출까지 되면 블로그 방문자수는 자연스럽게 증가한다. 그럴수록 마케팅 대행사, 광고주의 눈에 띌 확률이 높아지면서 광고수익이 늘어난다. 당신의 블로그가 그들의 제품, 서비스를 효과적으로 홍보해줄 수 있는 광고 플랫폼이라고 판단되면 그들은 주저 없이 유가성(有價性) 리뷰를 의뢰한다. 이런 선순환 시스템이 구축되면 네이버 블로그 수익화에 속도가 붙는다.

여기서 중요한 점은 많은 사람이 궁금해하고 관심을 갖는 내용이 담긴 콘텐츠를 검색결과 첫 페이지 상단에 노출해야 한다는 것이다. 시시콜콜하고 아무도 검색하지 않는 콘텐츠를 상위노출 해봐야 수익화에 전혀 도움이 되지 않는다. 그런 콘텐츠는 애초에 검색량이 적기 때문에 블로그로 유입을 기대할 수 없고 광고주의 관심을 끌 수도 없다.

따라서 블로그 수익화에 성공하고 싶다면 네이버가 어떤 콘텐츠를 어떤 기준으로 상위에 노출시키는지를 알고 블로그를 운영해야 한다. 그러나 네이버에서는 그 기준을 명쾌하게 제공하지 않고 일부만 공개하고 있다. 그리고 그마저도 검색 이용자의 만족도를 높이는 방향으로 계속 변하고 있다. 그렇다 하더라도 현재 검색 노출에 큰 영향을 주고 있는 세 가지 도구는 반드시 알고 있어야 한다. 이를 네이버가 공개한 객관적인 정보를 토대로 내가 직접 부딪히며 경험한 내용과 노하우를 덧붙여 설명하겠다.

C-Rank 알고리즘, 한 우물을 정성스럽게 판다면 대우해줄게

네이버의 C-Rank(Creator Rank, 씨랭크) 알고리즘은 세 가지 지표를 가지고 C-Rank 점수를 계산하고, 이에 따라 블로그의 신뢰도와 인기도가 결정된다. C-Rank 점수는 '블로그 지수'라고도 불린다. C-Rank 점수가 높을수록 검색 상위노출에 유리해진다.

　C-Rank 점수를 결정하는 세 가지 지표는 맥락, 내용, 반응이다. 맥락은 한 주제에 대한 전문성을 나타내며, 내용은 문서의 품질, 반응은 문서로 발생하는 댓글, 공감, 스크랩(공유하기) 등의 연쇄반응을 의미한다. C-Rank 점수는 "당신이 한 우물을 정성스럽게 판다면 대우해주겠다"고 말하고 있는 것이다. 여기서 대우는 하나의 주제로 품질 높은 문서를 꾸준하게 작성하면 높은 점수를 받을 수 있

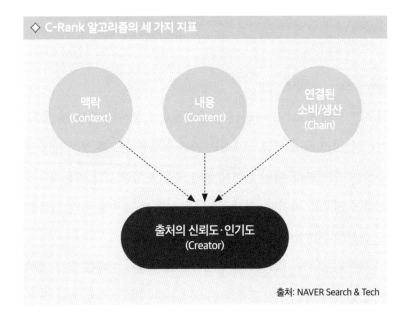

◇ C-Rank 알고리즘의 세 가지 지표

맥락 (Context)

내용 (Content)

연결된 소비/생산 (Chain)

출처의 신뢰도·인기도 (Creator)

출처: NAVER Search & Tech

다는 것을 의미한다. 그래서 C-Rank 점수를 '블로그 주제 점수'라고도 부른다.

세 가지 지표는 다시 6가지 항목으로 세분화된다. 6가지 항목을 자세히 들여다보면 네이버 블로그를 어떤 방식으로 운영해야 하는지, 콘텐츠를 어떻게 작성해야 하는지 힌트를 얻을 수 있다. 그럼 C-Rank 알고리즘이 고려하는 6가지 항목이 무엇인지, 그리고 그것들이 2023년 현시점에 어떤 의미를 가지고 있으며 어떻게 해석하는 것이 좋은지를 알아보자. 네이버가 2016년 7월에 공개한 자료("주제별 출처의 신뢰도와 인기도를 반영하는 C-Rank 알고리즘")에 내 생각을 덧붙였다.

✳ 블로그 콜렉션

블로그 콜렉션(BLOG Collection)은 "블로그 문서의 제목 및 본문, 이미지, 링크 등 문서를 구성하는 기본 정보를 참고해 문서의 기본 품질을 계산"한다. 이와 관련해 품질 좋은 문서란 검색 이용자들이 원하는 정보를 이미지, 영상, 글 등을 사용해 가독성 있게 제공하는 문서를 의미한다.

아무리 도움이 되는 정보가 많다고 할지라도 이해를 돕는 이미지가 없거나 제목이 본문과 관련이 적으면, 상대적으로 정보가 부족하지만 풍부한 이미지, 동영상이 포함되어 있고 제목만 봐도 어떤 내용이 담겨 있는지 예상 가능한 문서보다 검색노출 순위가 낮을 수 있다.

블로그에 누적된 모든 문서의 평균 품질에 따라 블로그의 신뢰도가 결정된다. 따라서 C-Rank 점수를 높이기 위해서는 기본적으로 품질 좋은 문서를 작성해야 한다. 성의 없는 콘텐츠를 365일 매일 제작해봐야 블로그 지수는 높아지지 않는다. 블로그 수익화를 위해 매일 하나 이상의 콘텐츠를 올리는 '1일 1포스팅'을 절대 공식처럼 소개하는 강의들이 있다. 시간에 쫓겨 형편없는 품질의 콘텐츠일지라도 매일 올리는 것이 낫다고 생각할 수 있지만, 오히려 당신의 블로그 신뢰도를 낮추는 독이 된다.

❋ 네이버 DB

네이버 DB는 "인물, 영화, 정보 등 네이버에서 보유한 콘텐츠 DB를 연동해 출처 및 문서의 신뢰도를 계산"한다. 문서를 작성할 때 네이버에서 제공하는 자료를 활용하면 신뢰도, 즉 블로그 지수를 높이는 데 긍정적이라는 의미다.

이를 위해 네이버 블로그의 글쓰기 도구인 '스마트에디터 ONE'에서 제공하는 [글감] 기능을 적극적으로 활용하는 것이 좋다. [글

감] 기능에는 사진, 책, 영화, TV, 공연·전시, 음악, 쇼핑, 뉴스 항목
이 포함되어 있다.

　　예를 들면 드라마 〈천원짜리 변호사〉를 소개하는 콘텐츠를 작성
한다고 가정해보자. [글감] 기능에서 해당 드라마 제목을 입력하면
네이버 DB에 저장된 관련 정보(연출, 출연 등)를 확인하고 콘텐츠
본문에 손쉽게 가져올 수 있다. 그리고 검색 이용자가 네이버에 〈천
원짜리 변호사〉를 검색했을 때 [글감] 기능을 활용해 제작된 콘텐
츠가 그렇지 않은 콘텐츠보다 상위에 노출될 확률이 더 높다. 따라
서 콘텐츠 제작 시 네이버에서 제공하고 찾을 수 있는 자료를 적극
적으로 활용하도록 하자.

✳ 서치 로그

서치 로그(Search LOG)는 "네이버 검색 이용자의 검색 로그 데이터를 이용해 문서 및 문서 출처의 인기도를 계산"한다. 여기서 말하는 검색 로그 데이터는 쉽게 네이버 검색 이용자들의 흔적이라고 이해하면 된다. 그들이 어떤 키워드를 검색했고, 어떤 제목의 문서를 클릭해 어떤 블로그에 방문했으며, 그 문서를 보는 데 시간을 얼마나 사용했는지 등 모든 행위가 데이터로 남는데, 이것이 검색 이용자의 로그 데이터다.

네이버는 이렇게 축적된 검색 로그 데이터를 활용해 검색 이용자들이 어떤 주제, 키워드에 많은 관심을 갖는지 분석한다. 사람들이 많은 관심을 갖는 내용의 문서를 올리는 블로그를 더 선호하기에 해당 블로그에서 발행한 문서들은 상위노출이 될 확률이 높아진다. 아무도 검색하지 않거나 클릭하지 않을 문서, 예를 들면 일기, 업무 일지 같은 지극히 개인적인 내용을 담은 문서보다 '아이폰14 사전예약' '여의도 불꽃놀이'같이 많은 사람의 관심을 받는 내용의 문서를 발행하는 블로그의 인기도가 더 높다는 말이다. 그리고 검색 이용자들이 블로그에 머문 시간을 활용해 읽을 만한 가치가 있는 품질 높은 문서인지를 판단한다. 따라서 많은 사람이 궁금해하는 내용이 담긴 주제에 대해 자세하게 기술하는 문서를 발행할 필요가 있다.

✳ 체인 스코어

체인 스코어(Chain Score)는 "웹문서, 사이트, 뉴스 등 다른 출처에서의 관심 정도를 이용해 신뢰도와 인기도를 계산"한다. 네이버 포털서비스에 포함된 웹문서, 뉴스, 카페, 사이트 등 다른 출처에서까지 많이 언급되는 키워드 위주로 문서를 작성해 발행하면 당연히 많은 사람이 관심을 갖는 콘텐츠이기에 블로그 지수가 높아질 수 있다.

그런 키워드를 '이슈성 키워드'라고 하며, 네이버 실시간 검색어 (실검) 중 자신의 주제와 관련된 키워드를 찾아 콘텐츠를 작성하면 도움이 된다. 그러나 실시간 검색어 시스템은 2021년 2월 25일에 폐지된 까닭에 현재는 그것과 유사한 서비스(예: signal.bz)를 사용하거나 키워드의 검색량을 직접 확인하는 방식으로 이슈성 키워드를 찾아야 한다.

그리고 구글, 다음, 인스타그램, 페이스북, 유튜브 등 네이버가 아닌 다른 채널에서의 유입이 블로그 지수에 긍정적인 영향을 줄 수 있다는 의미로도 해석할 수 있다. 네이버 블로그는 다양한 통계 자료를 제공하고 있고, 그중 [유입경로] 기능을 사용해 각 외부 채널에서 자신의 블로그로 유입되는 비율이 얼마나 되는지 손쉽게 확인할 수 있다.

✳ 블로그 액티비티

블로그 액티비티(BLOG Activity)는 "블로그 서비스에서의 활동 지표를 참고해 얼마나 활발한 활동이 있는 블로그인지를 계산"한다. 활동 지표에는 문서 발행 개수와 댓글, 공감, 스크랩, KEEP 등의 반응들이 포함된다. 꾸준하게 올리는 양질의 문서로 검색 이용자들이 1분 1초라도 더 유효한 활동을 하게 만드는 블로그를 우대하겠다는 의미다. 이것이 블로그 지수를 높이는 방법으로 '1일 1포스팅' '블로그 이웃 관리'가 가장 먼저 언급되는 이유다.

그러나 BLOG Collection에서 설명했듯이 단순히 콘텐츠 개수를 채우기 위한 성의 없는 1일 1포스팅은 오히려 블로그 지수를 낮출 수 있으니 지양해야 한다. 또한 안부글 복사(Ctrl+C) & 붙여넣기(Ctrl+V) 같은 기계적인 이웃 교류는 사람들이 자신의 블로그에 머무는 평균 체류 시간을 낮춰 블로그 지수 하락으로 이어질 수 있다. 따라서 품질 높은 문서를 꾸준하게 작성하는 것과 더불어 서로의 콘텐츠를 꼼꼼하게 읽고 공감하는 이웃들과 교류하는 편이 좋다.

✳ 블로그 에디터 주제 점수

블로그 에디터(BLOG Editor) 주제 점수는 "딥러닝 기술을 이용해 문서의 주제를 분류하고, 그 주제에 얼마나 집중하고 있는지 계산"한다. 특정 주제와 관련된 문서를 꾸준하게 발행하는 블로그에 높은 신뢰도를 부여하겠다는 의미다. 초반에 '당신이 한 우물을 정성스럽게 판다면 대우해주겠다'라는 말을 기억하고 있을 것이다. 여기서 하나의 우물이 곧 하나의 주제를 의미한다. 네이버 블로그는 예나 지금이나 전문성 있는 문서를 발행하는 창작자를 원하고 있다. 그래서 1~2개 주제에 대한 문서를 꾸준하게 작성하는 블로그가 전문성이 높다고 판단하고 있다.

나 역시도 처음에는 맛집, 스포츠, 패션, IT·컴퓨터 등 다양한 주제로 블로그를 운영했었다. 하지만 블로그를 제대로 된 머니 파이프라인으로 만들겠다고 결심한 이후 IT·컴퓨터와 관련된 문서만을 꾸준히 발행한 결과 이전보다 상위노출이 더 잘되었고 블로그 성장에도 가속도가 붙기 시작했다.

　C-Rank 알고리즘은 이렇게 6가지 정보를 반영해 블로그의 신뢰도와 인기도를 측정해서 점수가 높은 블로그에서 발행한 문서를 상위에 노출시킨다. 따라서 상위노출이 잘되기 위해서는 C-Rank 점수를 높여야 하고, 이를 위해서는 특정 분야에 집중해 검색 이용자가 궁금해하고 관심을 가지는 콘텐츠를 꾸준하고 정성스럽게 발행해야 한다는 것이다. 하지만 상위노출을 시키는 데 문서 자체의 품질보다 출처(블로그)의 신뢰도와 인기도를 더 중요시하는 C-Rank 알고리즘은 생각지 못한 부작용들을 야기했다.

　첫 번째, C-Rank 알고리즘이 신뢰할 수 있는 출처라고 인식한 블로그에서 품질 낮은 문서 또는 블로그 지수를 높이기 위해 집중했던 주제와 전혀 무관한 내용의 문서를 올리더라도 높은 확률로 상위노출이 되기 시작한 것이다. 이는 네이버 검색 생태계에 매우 부정적인 영향을 줬다.

　두 번째, C-Rank 알고리즘이 고려하는 6가지 항목이 공개된 이후 기계적인 작업으로 블로그 지수를 높이는 바이럴마케팅 대행사들이 많아졌다. 이들은 광고만을 위해 수많은 최적화 블로그를 만들고 사진과 내용을 조금씩 변경한 비슷한 문서를 마구잡이로 발행했다. 소위 말하는 '작업 블로그'가 성행한 것이다.

경쟁이 심한 키워드, 예를 들어 '강남역 맛집'을 검색하면 첫 페이지 전체가 같은 음식점을 소개하는 콘텐츠들만 있는 경우가 많았다. 그래서 네이버 검색 이용자들이 원하는 제대로 된 정보를 얻지 못하는 확률이 높아졌고 사람들의 만족도는 점점 떨어졌다. 물론 네이버 블로그는 여전히 온라인 거대 광고판에 가깝지만, C-Rank 알고리즘만 존재하던 과거에는 검색결과의 다양성 결여와 낮은 문서 품질 그리고 C-Rank 알고리즘의 특성을 악용한 어뷰징(똑같거나 비슷한 콘텐츠를 올려서 클릭수를 의도적으로 조작하는 행위)이 사회적 문제로까지 대두되었다.

세 번째, C-Rank 알고리즘은 신규 블로거의 진입을 가로막는 거대한 벽으로 작용했다. 예를 하나 들어보자. 오늘 네이버 블로그를 시작한 A가 IT·컴퓨터 분야에서 100점짜리 고품질 문서를 발행하더라도 이미 1년 전부터 같은 분야에서 블로그 지수를 높여온 B가 발행한 70점짜리 문서보다 검색노출 순위가 낮다. 시스템에 오류가 발생하지 않는 이상 노출 순위가 바뀔 가능성은 없다. 따라서 똑같은 노력을 하더라도 블로그를 늦게 시작할수록 상위노출에 불리하기 때문에 넘치는 의욕을 가지고 블로그를 막 시작한 사람도 금방 지치게 된다.

이러한 C-Rank 알고리즘의 세 가지 부작용을 보완하기 위해 D.I.A. 로직이 등장했다.

D.I.A. 로직 & D.I.A.+ 로직,
다른 사람들과 차별화된 네 의견을 위해

상위노출을 결정하는 데 문서의 품질보다 출처의 신뢰도와 인기도를 훨씬 더 중요시하는 C-Rank 알고리즘의 부작용들을 보완하기 위해 등장한 D.I.A.(Deep Intent Analysis, 다이아) 로직은 문서 자체의 품질에 보다 집중한다. 기본적으로 C-Rank 점수를 고려하되 AI를 활용해 검색 이용자들이 선호하는 문서의 특징을 스스로 학습하고, 그런 특징을 지닌 문서를 찾아 검색결과 상단에 노출시킨다.

D.I.A. 로직은 문서를 사실성, 독창성, 일관성, 가독성이라는 네 가지 요소로 평가해 점수를 매긴 후 검색노출 순위에 반영한다.

D.I.A. 로직의 네 가지 평가 요소

① Reality(사실성): 생생한 후기를 담고 있는가?

② Originality(독창성): 독창적인 내용을 담고 있는가?

③ Coherence(일관성): 일관된 내용을 서술하고 있는가?

④ Readability(가독성): 과도한 광고 목적의 글은 아닌가?

D.I.A. 로직이 도입된 이후부터는 아무리 블로그의 신뢰성 (C-Rank 점수)이 높다 하더라도 문서 자체의 품질이 낮으면 상위노출이 어렵게 되었다. 중복되는 광고성 문서에 대한 제재 수위 또한 높아져 하루아침에 최적화 블로그에서 네이버 검색창에 제목을 그대로 검색해도 문서가 보이지 않는 '저품질' 블로그로 떨어지는 경우가 많아졌다.

핵심부터 말하자면 D.I.A. 로직은 '경험' '많은 양의 정보' 두 가지를 강조한다. 글쓴이의 실제 경험을 토대로 한 많은 정보를 담고 있는 문서를 대우해주겠다는 의미다. NAVER Search & Tech 공식 블로그는 D.I.A. 로직이 적용되어 검색노출의 달라진 점을 다음과 같이 정리하고 있다.

D.I.A. 로직이 적용된 결과는 어떻게 바뀌나요?

검색 사용자에게 도움이 되는 작성자의 후기나 좋은 정보가 많은 문서가 좀 더 상위에 노출될 수 있습니다.

왜 경험에 근거한 정보를 강조했을까? 검색 이용자들이 객관적인 정보에 주관적인 의견이 덧붙은 리뷰 혹은 후기 형태의 문서를 더 선호한다고 판단했기 때문이다. 예를 하나 들어보자. 똑같은 스마트폰을 소개하는 문서 2개가 있다. 첫 번째 문서에는 제조사의 홍보용 책자에서 확인할 수 있는 사양, 기능, 가격 등 이미 공개된 내용으로만 구성되어 있다. 반면 두 번째 문서에는 객관적인 정보 외에도 사용 경험에 따른 주관적인 의견까지 포함되어 있다. 당신이라면 어떤 글이 더 유익하다고 생각하는가? 당연히 후자일 확률이 높다.

그리고 정보가 많다는 것은 곧 읽을거리와 글 자체가 많고 내용을 뒷받침해줄 사진과 동영상이 풍부하게 활용된 문서를 의미한다. 그러면서 중요해진 개념이 네이버 키워드 검색으로 유입된 검색 이용자들이 해당 문서에 머무는 시간, 즉 체류 시간이다. 많은 정보가 담긴 문서는 그렇지 않은 문서보다 읽는 데 더 많은 시간을 필요로 할 수밖에 없기 때문이다. D.I.A. 로직이 도입된 당시 네이버는 특정 분야에서 검색 이용자들이 내용을 처음부터 끝까지 읽기 위해 오랜 시간 머무르는 문서를 발행하는 블로그를 우대했다.

그러나 D.I.A. 로직도 완벽하지 않았다. 검색 상위노출을 위해 문서에 최대한 많은 정보를 담는 것을 당연하게 여기다 보니 문서가 너무 길어졌다. 무엇보다 검색 이용자들이 원하는 내용과 무관한 내용이 다수 포함되는 문제가 발생했다. 된장찌개를 맛있게 끓이는 방법을 검색했는데 된장의 역사, 된장을 만드는 법, 된장이 몸에 좋은 이유, 찌개를 끓이기 좋은 냄비 등 굳이 필요 없는 내용을 지나 문서 말미에 찌개 만드는 방법이 나오면 어떻겠는가? 대부분의 문서들이 이런 식으로 구성되어 있다면? 그 결과 검색 이용자들이 피로해졌고 검색 플랫폼으로서의 네이버 신뢰도가 떨어지게 되었다.

이러한 문제를 보완하기 위해 D.I.A.+ 로직이 등장했다. D.I.A.+ 로직을 한 문장으로 정리하면 다음과 같다. "쓸데없는 이야기 없이 검색 이용자가 필요로 하는 정보가 담긴 글을 먼저 보여줄게!" D.I.A.+ 로직은 '+'(플러스)라는 기호에서 알 수 있듯이 D.I.A. 로직의 개선 버전이다. 단순히 체류 시간을 늘리기 위해 문서의 양에 집중하게 만든 D.I.A. 로직의 문제점을 해결하고, 검색 이용자들이 진짜 원하는 정보를 효율적으로 제공하는 문서를 찾을 수 있도록 하기 위해 만들어졌다.

쉽게 검색 이용자들이 검색창에 입력하는 키워드로 그들이 원하는 정보가 정확히 무엇인지 파악하고, 그 내용이 포함된 문서를 찾아 상위에 노출시키는 해결책이다. 앞서 '된장찌개 맛있게 끓이는 법'을 검색했더니 D.I.A. 로직 때문에 문서에 된장찌개와 관련된 오만 가지 내용이 포함되어 있어 검색 이용자들을 피로하게 만든다고 했다. 이를 해결하기 위해서는 실제 된장찌개 끓이는 방법을 핵심적으로 다루고 있는 문서를 선별해서 보여줘야 한다. D.I.A.+ 로 지은 '질의 의도 분석기'를 사용해 검색 이용자의 검색 의도를 명확하게 파악해서 관련성이 높은 문서를 검색결과 상단에 보여준다. 원하지 않는 내용에 지친 검색 이용자들의 검색 만족도를 높이기 위한 것이다. 따라서 더 이상 문서의 양에 집중하는 것은 의미가 없다. 제목, 키워드와 관련된 핵심 내용 위주로 콘텐츠를 제작해야 상위노출에 유리하다.

상위노출은 하루아침에 이뤄지지 않는다

네이버의 모든 알고리즘과 로직은 상호보완적이다. 어느 것 하나 중요하지 않은 게 없다. 작성 시점에는 누구나 인정할 만한 최상급 품질의 문서라고 해도, C-Rank 알고리즘의 상대성 때문에 같은 주제에서 꾸준하게 활동하고 있는 기존 블로그의 콘텐츠가 상위노출에 더 유리한 것은 사실이다. 따라서 이제 막 네이버 블로그를 운영하기 시작한 열에 아홉은 그런 상황이 공평하지 않다고 생각할 수 있다.

하지만 상위노출을 결정하는 알고리즘과 로직의 상호작용을 이해하면 '뒤늦게 블로그를 시작하면 수익화가 불가능하다'는 편견에서 벗어날 수 있을 것이다. 실제로 C-Rank 알고리즘으로만 상위노출이 결정되던 과거와 달리, 지금은 문서 자체의 품질 또한 상위노출 결정에 비중 있게 반영되고 있고, 추후 설명할 예정인 스마트블록 기능 덕분에 이미 진입한 블로거보다 품질 높은 문서들을 꾸준히 발행한다면 상위노출이 가능하다. 이미 수익화를 이룬 블로거보다 더 많은 양의 문서를 더 높은 품질로 발행하면 당신의 수익이 더 많아질 수도 있다는 말이다.

더 많이 노력해야 하는 것이 억울한가? 늦게 시작한 대가는 치러야 한다. 하지만 아무리 노력해도 이길 승산이 없는 것보다는 낫지 않은가? 노력하면 당신이 원하는 결과를 얻을 수 있다는 가능성이 있기 때문이다. 결국 C-Rank 알고리즘, D.I.A. 로직과 D.I.A.+ 로직을 참고해 네이버가 선호하는 방식으로 블로그를 오래 운영하는 사람이 이기는 게임이다.

원금에서 발생한 수익을 다시 원금에 합쳐 재투자해서 같은 수익률이라도 투자 기간이 길어질수록 평가 금액이 기하급수적으로 증가하는 것을 '복리효과'라고 부른다. 이는 네이버 블로그 수익화에도 통한다. 특정 주제와 관련된 문서를 꾸준하게 작성하다 보면 관련 지식이 자연스럽게 쌓이고 많은 사람이 선호하는 문서 작성법에 익숙해져 콘텐츠의 품질은 점점 더 좋아진다. 그렇게 품질이 좋은 콘텐츠들이 쌓이면 블로그의 신뢰도는 알아서 높아진다. 그리고 이 과정이 반복되면 당신도 언젠가 특정 분야에서 독보적인 존재가 될 수 있다. 그러면 같은 양의 시간과 에너지를 투입하더라도 더 많은 수익을 얻게 되는 복리효과를 누릴 수 있을 것이다. 또 네이버 창작 보상 프로그램인 '애드포스트'를 포함해 파트 3에서 자세하게 소개할 다양한 수익화 방법으로 당신의 연봉인상률보다 더 많은 월급 외 수익을 얻을 수 있으리라 확신한다.

네이버 블로그 상위노출 비법과 절대 공식은 존재하지 않는다. 검색량이 많지 않은 키워드를 활용해 문서를 작성한 뒤 "봐라, 내 강의를 들으면 만든 지 얼마 안 된 블로그로도 검색 상위노출이 가능하지 않냐!"라고 홍보하는 책과 강사가 많다. 그러나 하루에 한 번 검색이 될까 말까 한 키워드는 수익화로 연결되지 않기 때문에 의미가 없다. 그러한 키워드의 문서는 검색 이용자들이 많이 궁금해하는 내용을 담고 있지 않을 확률이 매우 높으므로 블로그 지수를 높이는 데도 전혀 도움이 되지 않는다. 그러니 제대로 된 블로그 하나 운영하고 있지도 않은 사람들의 강의에 헛돈 쓰는 일이 없길 바란다.

지식스니펫,
원하는 정보를 빠르고 정확하게 보여줄게

'지식스니펫'은 네이버에서 취급하는 수많은 웹문서 중 이용자들의 검색 의도에 적합한 정보를 자동으로 추출해 검색결과 최상단에 노출해주는 기능이다. 이로써 이용자들의 검색 편의성을 높이는 것이 목적이다.

지식스니펫이란?

네가 원하는 정보를 빠르고 정확하게 확인할 수 있는 형태로 제공해줄게!

우리가 네이버에서 특정 키워드를 검색하면 인플루언서, VIEW, 웹사이트 등 다양한 탭에 포함된 콘텐츠들이 노출된다. 그런데 그 중 어떤 콘텐츠가 우리가 필요로 하는 정보를 정확하게 제공하고 있을지는 직접 읽어보기 전까지 알 수 없다. 그리고 간단한 질의, 예를 들면 '2023년 최저시급'을 검색한 사람은 최저임금제가 무엇인지, 위반했을 때 어떤 법적책임을 물어야 하는지 등 서론에서 소개되는 부가적인 정보보다는 본론에 해당하는 최저시급 금액만 빠르게 확인하고 싶어 할 확률이 훨씬 더 높다. 이처럼 웹문서 내에서 검색 이용자들이 원하는 핵심 정보를 직접 일일이 찾아야 하는 불편함을 지식스니펫으로 어느 징도 해소해주겠다는 의미다.

지식스니펫은 VIEW, 웹사이트, 지식iN 같은 하나의 탭으로 상단에는 도움이 될 만한 정보, 하단에는 정보의 출처가 배치된다. 공통적으로 콘텐츠 발행일, 제목, 출처 URL 그리고 정보오류 신고 기능 등을 포함하고 있으며 정보의 성격에 따라 문장형, 리스트형, 테이블(표)형 세 가지로 제공하고 있다.

그러면 어떤 방식으로 어떤 콘텐츠가 지식스니펫에 노출되는 걸까? 크게 'Query Classification(질의 의도 분석)' 'Document

◆ 리스트형 지식스니펫 예시

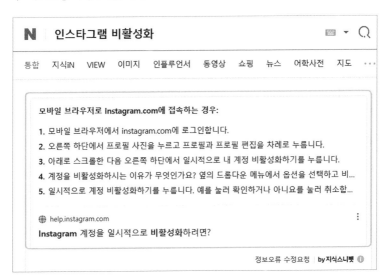

Retrieval & Document Understanding(질의 의도에 부합하는 콘텐츠 찾기)' 'Answer Extraction(노출할 정보 추출)' 세 가지 과정으로 출처와 정보가 결정된다. 여기서 기술적인 내용을 자세히 다뤘다가는 책을 아예 덮어버릴 수도 있기에 핵심만 정리하고 넘어가자.

지식스니펫의 작동 방식

다양한 출처를 대상으로 검색 이용자의 질문에 대한 정확하고 직관적인 답을 제공할 수 있는 콘텐츠를 AI 알고리즘을 사용해 찾은 뒤 검색결과 최상단에 노출한다.

현재 지식스니펫은 제한적인 질의에 대한 정보만 제공하고 있지만 앞으로 전 영역에 걸쳐 확장될 예정이다. 그리고 신뢰할 수 있는 공식 출처(예: 애플, 삼성전자, 인스타그램, 페이스북)에서 발행한 웹 문서를 최우선으로 검토해서 노출하고 있지만, 그것만으로는 검색 이용자들의 모든 질의에 대응할 수 없기 때문에 지식백과, 블로그, 카페, 티스토리, 워드프레스 등 다양한 출처가 지식스니펫의 검토 대상이 되고 있다.

지식스니펫에 당신이 제작한 콘텐츠가 노출되면 어떤 점이 좋을까? 첫 번째, 네이버로부터 검색 이용자들의 질의에 정확한 정보를 제공하는 신뢰할 수 있는 글을 썼다고 인정받은 것이다. 당신이 누군가에게 도움이 되는 콘텐츠를 제작하고 있다고 뿌듯하게 생각해도 좋다. 두 번째, 1~2년 전에 직성했던 콘텐츠도 지식스니펫에 노출될 수 있다. 이는 VIEW 탭의 검색노출보다 최신성의 영향을 덜 받기 때문이다. 지금으로서는 아예 받지 않는 것처럼 보이기도 한다. 이는 블로그 지수가 낮을 때 작성해 빛을 보지 못했던 콘텐츠 중 검색 의도에 완벽하게 부합하는 내용들이 검색 이용자들에게 노출될 수 있다는 의미다. 실제로 내가 2020년에 작성한 정보성 콘텐츠가 2022년 상반기에 지식스니펫에 등록되어 하루에 1,000명씩 들어오는 효자 콘텐츠로 되살아난 적이 있다.

세 번째, 방문자수 증가로 이어질 수 있다. 물론 초반에 예로 들었던 '2023년 최저시급'처럼 금액만 확인하면 되는 질의는 블로그 유입으로 이어지지 않는 경우도 있겠지만, '~하는 법'처럼 글뿐만 아니라 이미지도 함께 보면 좋은 내용은 검색결과 최상단에 있는 지식스니펫 콘텐츠를 클릭할 확률이 매우 높다. 이는 조회수 상승이 블로그 수익화를 극대화하는 데 필수 조건 중 하나라는 점에서 긍정적이다.

지식스니펫에 노출시키는 일은 최상위 블로그를 운영하는 나조차도 의도한다고 해서 가능한 게 아니다. 그러나 노출될 확률을 높일 수 있는 노하우는 있다. 챕터 4에서 자세히 소개할 [소제목] 기능을 사용한 문단 나누기, 기호와 숫자 형태의 [목록]과 [표] 기능을 활용하는 것이다. 모두 가독성을 높여주는 기능인 동시에 현재 지식스니펫의 노출 형태이기도 하다. 지식스니펫은 앞으로 네이버 검색 전반으로 확장될 것이고 블로그 수익화에 직접 영향을 줄 수 있는 기능이다. 따라서 콘텐츠 제작 시 지식스니펫에서 강조한 부분(정확한 정보 제공, 가독성)을 항상 신경 써야 한다.

스마트블록, 의도와 취향에 맞는 맞춤형 정보를 제공할게

블로그 수익화와 관련해 스마트블록이라는 기능의 중요성은 나날이 커지고 있다.

스마트블록의 중요성

미래의 네이버 블로그 수익화, 스마트블록에 달렸다!

스마트블록은 다양한 주제로 확장이 가능한 키워드의 주제별 콘텐츠를 여러 개 노출해주는 기능이다. 예를 들어 '유치원'으로 검색하면 '사립 유치원 비용' '국공립 유치원' '유치원 생일 답례품'

'유치원 졸업 꽃다발' 등 다채로운 주제로 구성된 스마트블록이 검색결과에 함께 노출된다. 하나의 스마트블록은 콘텐츠 3개로 구성되며 검색 이용자의 의도와 취향을 분석해 어떤 주제의 블록을 노출할지 결정한다.

◆ '유치원' 검색 시 스마트블록 예시

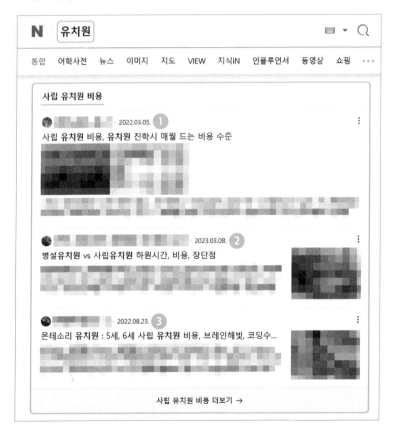

앞서 소개한 지식스니펫과 마찬가지로 스마트블록은 이용자의 검색 편의성을 높이기 위해 도입되었다. '출처'를 순위화해서 보여주는 기존 통합검색과 다르게 이용자의 취향에 맞는 검색결과를 '의도'라는 초점에 맞춰 세분화해서 제공하는 것이 목적이다. 말이 어렵다. 쉽게 말하면, 같은 키워드로 작성된 콘텐츠라도 세부 주제별로 구분해서 제공하겠다는 의미다.

조금 더 자세한 예를 들어 이해해보자. 검색 이용자 A, B, C, D, E 5명이 '손세차'를 검색했다. 그런데 A는 '손세차 순서', B는 '손세차 장소', C는 '손세차', D는 '손세차와 자동세차 차이', E는 '손세차 비용' 등 각기 다른 정보를 콘텐츠에서 찾고자 한다. 그럴 때 기존 통합검색은 원하는 정보를 찾을 때까지 VIEW 탭의 최상단에 노출된 콘텐츠부터 차례대로 훑어봐야 하는 불편함이 있었다. 그런 문제를 스마트블록으로 해결할 수 있다.

그런데 '도대체 이런 기능이 왜 필요할까? 직접 원하는 정보에 맞게 키워드를 세분화해서 검색하면 되지 않을까?' 싶을 것이다. 검색 트렌드에서 그 이유를 찾을 수 있다. 네이버가 발표한 보도자료 ("네이버, 새로운 검색경험 제공하는 '에어서치' 선보인다… '검색 전반에 AI 기술 녹여'")에 따르면 전체 검색 이용자의 65%가 탐색형 질의를 원한다. 단순히 '2023년 최저시급' 같은 하나의 정답을 찾는 단순 검색을 원하는 이용자는 35%에 불과하다는 소리다. 반면 키워드

◆ '손세차' 검색 시 스마트블록 예시

검색으로 새로운 관심사를 발견하고 탐색하길 원하는 사람은 매년 빠른 속도로 증가하고 있다. 이러한 정보로 네이버가 지향하는 검색 시스템을 다음과 같이 정리할 수 있다.

네이버 검색 시스템의 지향점

네가 관심을 가질 만한 정보까지 우리가 알아서 준비해줄게!

실제로 어떤 키워드로 검색해야 할지 고민하는 이용자가 늘어나고 있다고 한다. 그래서 막연한 키워드 검색만으로도 특정 주제에 관한 다양한 아이디어를 얻고 빠르게 정보에 접근하길 원하는 검색 이용자를 위해 스마트블록을 도입한 것이다. 이쯤에서 이런 질문이 나와야 정상이다. "그래서 그게 네이버 블로그 수익화와 무슨 관련이 있는데?"

검색 상위노출 기회가 다양하게 펼쳐진다는 데 의미가 있다. 상위노출의 개념 자체가 바뀔 수도 있다. 물론 통합검색 결과 첫 페이지의 VIEW 탭 상단에 콘텐츠가 노출되면 상위노출에 성공한 것으로 본다. 그러나 스마트블록이 적용되는 키워드에는 VIEW 탭 자체가 없다. 대신 여러 개의 스마트블록 콘텐츠가 노출된다. 이게 무엇을 의미할까? 기존처럼 각 주제의 최상위 블로그가 메인, 서브 키워드를 모두 독점하는 상위노출이 점점 불가능해지고 있다는 것을 뜻한다. 나처럼 강력한 VIEW 탭의 노출력을 갖춘 파워블로거들에게는 안타까운 소식이지만, 상대적으로 블로그 지수가 낮거나 당신처럼 이제 막 머니 파이프라인 구축을 위해 네이버 블로그를 시작한 사람에게는 기회다.

네이버가 발표한 자료("더 많은 창작자들의 맛집 후기를 담은 스마트블록 노출이 확대됩니다")에 따르면 기존 VIEW 탭의 검색결과 대비 약 60% 이상의 더 많은 창작자의 콘텐츠가 스마트블록으로 노출되고 있다고 한다. 즉 전체 파이를 더 많은 인원이 나눠 먹게 되면서 스마트블록이 도입되기 전보다 많은 이용자가 더 빠르게 블로그를 성장시킬 수 있게 되었다. 그럼 어떤 콘텐츠가 스마트블록에 포함될까? 이 챕터에서 자세하게 설명한 C-Rank 알고리즘, D.I.A. 로직과 D.I.A.+ 로직으로 신뢰할 수 있는 출처에 올라간 품질 높은 콘텐츠가 대상이 된다.

앞선 동일한 발표 자료에 따르면 2022년 5월 기준으로 스마트블록은 하루 검색결과의 약 10%에만 적용되고 있지만, 앞으로 더 빠른 속도로 더 다양한 주제, 키워드에 적용될 예정이니 지속적으로 관심을 두고 지켜볼 필요가 있다.

주제를
잘 선택해야
오래도록
많이 번다

강한 자가 살아남는 게 아니라
살아남는 자가 강한 것이다

지금까지 알고리즘과 로직에 관한 내용으로 네이버가 어떤 출처와 콘텐츠를 선호하는지 확인할 수 있었다. 그리고 추후 파트 3 블로그 수익화 방법에서 소개할 주제별 전문 창작자 서비스인 '네이버 인플루언서'에서도 힌트를 얻을 수 있다. 네이버는 과거에도 지금도 검색 이용자에게 도움이 되는 정보를 전문적인 시각으로 풀어서 전달하는 창작자를 우대했고 우대하고 있다. 그리고 앞으로도 동일할 것이다.

'전문 창작자', 여기서 '전문'이라는 표현은 국가·민간 자격증을 소유하거나 관련 직종에 종사하는 사람만을 의미하지 않는다. 하나의 주제로 꾸준하게 문서를 작성하는 사람이라고 해석하는 것이 정확하다. 전문성을 너무 강조해버리면 진입 허들이 높아져서 신규 창작자의 활발한 유입을 기대할 수 없기 때문이다. 따라서 우리는 여기서 한 가지 중요한 사실을 확인할 수 있다. 바로 한 가지 주제로 꾸준하게 활동하는 것이 블로그 수익화에 긍정적인 영향을 준다는 점이다.

그래서 처음에 주제를 신중하게 선택하는 것이 장기적인 관점에서 무엇보다 중요하다. 풍부한 지식과 경험이 있는 주제를 선택하는 게 가장 좋다. 혹은 시간을 들여서라도 배우고 싶은 주제가 있다면 그걸 선택하는 것도 하나의 방법이다. 여기에는 두 가지 이유가 있다.

첫 번째, 오래가기 위함이다. 대부분 처음에는 부업으로 네이버 블로그를 시작해서 수익화 도구로의 가능성을 확인하고 싶을 것이다. 나 역시도 직장을 다니면서 2년간 꾸준한 성장을 거쳐 전업으로의 확신을 가질 수 있었으니 말이다. 그러다 보니 육아와 업무에 치여 지칠 대로 지친 심신을 다독이면서 블로그에 올릴 문서를 작성해야 하는 경우가 대부분이었다. 심지어 여가 시간을 포기해야 하는 날도 많았다. 그런 상황에서 평소에 관심도 없고 경험과 지식도 없는 주제의 문서를 작성한다고 가정하면 생각만으로도 벌써 지치기 마련이다. 물론 돈을 벌겠다는 일념으로 의지를 활활 태우면서 문서를 작성할 수도 있다. 그러나 당장 눈에 보이는 성과가 크지 않기에 금방 지칠 수밖에 없다.

'강한 자가 살아남는 게 아니라 살아남는 자가 강한 것이다'라는 말이 있다. 이는 네이버 블로그 수익화에 너무나도 잘 어울리는 표현이다. 올바른 방향으로 꾸준하게 품질 좋은 문서를 작성할 수 있느냐 없느냐가 블로그 수익화 여부를 결정짓는다고 해도 과언이 아니기 때문이다. 따라서 주제를 선택할 때 최우선으로 당신의 관심사와 겹치는 것을 고려하는 게 가장 좋다.

한 우물을 깊게 파야
기대수익이 크다

두 번째 이유는 기대수익을 높이기 위함이다. 네이버 블로그를 탄탄한 머니 파이프라인으로 만들고 싶다면 인플루언서의 승인 조건인 특정 주제의 전문 창작자를 목표로 해야 한다. 인플루언서로서의 활동과 추가 광고 혜택을 얻기 위함이 전부가 아니다. 어느 한 분야에서 영향력이 커지면 커질수록 수익화 기회가 훨씬 더 많아지고, 누릴 수 있는 혜택이 늘어나며, 더 많은 제작비를 받을 수 있기 때문이다. 쉽게 블로그가 성장하면 성장할수록, 당신이 전문가에 가까워질수록 몸값이 높아진다는 의미다.

내가 인플루언서로 활동하면서 가장 마음에 들었던 점이 바로 이 부분이다. 회사에서는 열심히 일해서 좋은 성과를 내더라도 합당한 대우를 받지 못하는 경우가 대부분이다. 반면 네이버 블로그 수익화는 일정 수준 이상까지만 성장하면 탄력이 붙어 자신이 노력과 시간을 투자한 만큼 수익을 기대할 수 있다.

수요가 없으면
돈이 안 되는 현실

그런데 안타깝게도 당신이 지닌 지식과 경험과 관련된 주제가 네이버 블로그 수익화와 거리가 멀 수 있다. 네이버 검색 이용자들이 많이 찾는 인기 주제는 그렇지 않는 비인기 주제보다 애드포스트(네이버의 창작자 보상 프로그램)의 광고 단가가 높고, 바이럴마케팅 대행사들이 수주를 위해 더 활발하게 활동하며, 기업들이 서포터즈를 운영할 확률이 높기 때문이다.

물론 다양한 수익화 방법을 누릴 수 없더라도 애드포스트 하나만으로 수익이 발생한다. 그러나 그마저도 주제별 광고 단가의 차이 때문에 같은 기간 동안 같은 품질의 문서를 작성해도 수익에서 차이가 발생한다. 무엇보다 인기 주제인지 아닌지에 따른 기대수익 차이는 블로그를 올바른 방향으로 꾸준하게 운영했다는 가정하에 시간이 지나면 지날수록 점점 더 커진다.

앞서 당신이 잘 알거나 당장은 잘 모르더라도 관심 있는 주제를 선택하는 게 좋다고 했었다. 그러나 비주류에 해당하는 주제는 되도록 피하자. 블로그를 특정 주제와 관련된 사업에 활용할 목적이라면 상관없지만, 시간 투자 대비 수익 효율을 표면적인 블로그 성장(읽 방문자수와 키워드의 검색 상위노출 빈도 상승)과 함께 높이려면 검색량이 많은 주제를 선택하는 게 여러모로 유리하다.

선택과 집중이 필요하다

네이버 블로그는 총 32개의 주제를 제공하고 있다. 다음 페이지의 표를 확인하고 그중 하나를 선택해 집중해야 한다. 그런데 처음부터 어느 하나를 콕 집어 선택하기란 결코 쉬운 일이 아니다. 만약 기존에 네이버 블로그 또는 티스토리, 브런치를 운영한 적이 있다면 그동안 작성했던 문서들을 참고하는 게 도움이 된다.

주제별로 문서 개수를 세고 1, 2위에 해당하는 주제를 선택하는 것이다. 그간 문서를 작성하면서 그 주제들과 관련된 지식과 경험이 알게 모르게 축적되어 있을 가능성이 있기 때문이다. 그리고 여기에 평소 관심을 갖고 있던 주제를 하나 더 추가하라. 그렇게 선택한 세 가지 주제로 한 달 동안 번갈아 문서를 작성해보자. 그 과정에서 즐거움과 보람을 느끼고 남들보다 더 성장하고 싶다는 생각이 드는 주제가 있다면 그 주제에 집중하면 된다.

◈ 네이버 블로그의 주제 ◈

문학·책	일상·생각	게임	사회·정치
영화	육아·결혼	스포츠	건강·의학
미술·디자인	반려동물	사진	비즈니스·경제
공연·전시	좋은글·이미지	자동차	어학·외국어
음악	패션·미용	취미	교육·학문
드라마	인테리어·DIY	국내여행	
스타·연예인	요리·레시피	세계여행	
만화·애니	상품리뷰	맛집	
방송	원예·재배	IT·컴퓨터	

총 32개

출처: 네이버 블로그

글감 확보도
고려하자

글을 쓸 수 있는 재료(키워드)를 쉽게 확보할 수 있는지도 중요하다. 네이버에 '나는 품질 높은 콘텐츠를 꾸준하게 제작하고 있어!'라고 당신의 존재감을 보이려면 발행 빈도가 낮은 것보다 높은 게 당연히 유리하다. 따라서 어떻게든 주제와 관련된 글감을 찾을 수는 있겠지만, 발에 치일 정도로 글감이 많은 주제를 선택하는 게 그렇지 않은 주제를 선택하는 것보다 블로그 운영에 더 효율적이다. '오늘은 어떤 내용을 쓸까?' 하는 고민의 시간을 조금이라도 줄일 수 있고 상대적으로 키워드 노출 경쟁도 덜 치열하다.

여기서 말하는 글감은 돈이 되는 키워드를 의미한다. 32개의 주제 중 일상·생각 분야에도 글감 자체는 분명 무궁무진할 것이다. 그러나 검색 이용자들이 당신의 일상을 과연 궁금해할까? 키워드 검색 유입이 일어날까? 미디어에 자주 노출되는 유명 인플루언서 또는 특정 분야의 석학이 아닌 이상 블로그 수익화를 기대하기 어려울 것이다.

아마 수익화에 보다 유리한 주제를 콕 집어주길 원하는 사람이 있을 것이다. 네이버 인플루언서의 주제 20개가 힌트가 될 수 있다. 이 중에서 개인적으로 '여행' '패션' '뷰티' '푸드' 'IT테크' '자동차' '리빙' '방송·연예' '경제·비즈니스'를 추천한다.

◆ 네이버 인플루언서의 주제 ◆

여행	패션	뷰티	푸드
IT테크	자동차	리빙	육아
생활건강	게임	동물·펫	운동·레저

| 프로스포츠 | 방송·연예 | 대중음악 | 영화 |
| 공연·전시 | 도서 | 경제·비즈니스 | 어학·교육 |

총 20개

챌린지 프로그램과 주의해야 할 점

하나의 주제를 선택했더라도 문서를 꾸준히 작성하는 습관을 들이기 어려울 것이다. 이때 네이버 블로그에서 제공하는 챌린지 프로그램이 도움될 수 있다. 해외생활, 공부, 업무·커리어, 영화 리뷰 등 구체적인 도전 목표를 등록하고, 미션위젯으로 문서 발행 현황을 점검하는 시스템이다. 목표를 정하고 진행 과정을 기록하면서 글쓰기의 재미를 느낄 수 있을 것이다.

그러나 이때 주의해야 할 점이 하나 있다. '100일 위젯'의 예시로 나와 있는 다이어트, 헬스·운동, 절약 등의 주제로 문서를 작성하면 안 된다. 작성이 쉽다는 장점 때문에 입문자에게 굉장히 매력적으로 보이지만 문서의 품질을 높이기 어렵다는 단점이 있다. 전문성을 갖기도 어렵다. 무엇보다 반복되는 내용을 100일 동안 다룰 경우에 중복 문서에 빠져 블로그 시수에 좋지 않은 영향을 줄 가능성이 매우 크다. 따라서 일기, 다이어트 일지, 운동 일지, 가계부 같은 콘셉트의 문서는 처음부터 작성하지 않을 것을 권한다. 정 다루고 싶다면 월 단위의 결산 방식으로 작성하는 게 바람직하다.

자신의 블로그에
주제 설정하기

이쯤이면 블로그 지수를 높이기 위해서는 한 가지 주제와 관련된 문서를 꾸준하게 올리는 게 무엇보다 중요하다는 사실을 알게 되었을 것이다. 이제 당신이 정한 주제를 블로그에 명확하게 공개할 필요가 있다. 물론 네이버 검색엔진은 제목과 본문 키워드로 해당 문서가 어떤 주제와 관련된 내용을 다루고 있는지를 알아서 판단해 C-Rank 점수에 반영한다. 그러나 항상 100% 정확하게 판단하는 것은 아니므로 정확도를 높이기 위해 운영하고 있는 블로그에 주로 다루는 주제가 무엇인지 설정하는 것이 좋다.

블로그 정보 페이지에 있는 [내 블로그 주제] 기능을 클릭해

32개 주제 중 하나를 선택해주면 된다. 그리고 메뉴 관리 탭의 블로그 페이지에 들어가 카테고라이징도 진행하는 것이 좋다. 메인 주제의 콘텐츠를 상단에 오도록 위치를 조정하고, 각 카테고리마다 주제를 미리 설정해놓는 것이 좋다. 그럼 매번 문서를 발행하기 전에 주제를 선택해야 하는 번거로움을 피할 수 있고, 주제 선택을 깜빡하는 실수도 사전에 방지할 수 있어 편하다.

◆ 개인 블로그의 주제 설정법

CHAPTER
3

비싼 키워드를
똑똑하게
사용하라

전략적인 접근이
필요하다

키워드는 블로그 운영의 핵심이라고 할 수 있다. 키워드는 콘텐츠에서 다룰 내용을 대표하는 단어로 이해하면 된다. 즉 이용자들이 네이버 검색창에 적는 단어 혹은 단어의 조합이다.

네이버 블로그의 영향력은 키워드를 얼마나 잘 노출하느냐에 달려 있다. 당연한 말이지만 경쟁이 치열한 키워드일수록 기대수익이 높다. 경쟁이 치열하다는 의미는 검색량이 많다는 말이며, 그런 키워드를 상위노출 했을 때 방문자수는 자연스레 증가한다. 그리고 바이럴마케팅 대행사, 광고주의 눈에 띌 확률이 높아진다. 그들은 자신들의 제품, 서비스를 효과적으로 홍보해줄 수 있는 블로그라고 판단하면 주저 없이 유가성 리뷰를 의뢰해온다. 당신의 블로그에 이런 선순환 시스템이 구축되면 슬슬 네이버 블로그 운영을 본업으로 생각해볼 수 있다.

그런데 당신이 처음부터 경쟁이 치열한 키워드를 잡을 수 있을까? 현재로선 인플루언서 자격을 가지고 있지 않은 이상 그 확률이 매우 낮다. 사실 0%에 가깝다고 해도 과언이 아니다. 그럼 이제 막 블로그에 입문했거나 아직까지 블로그 운영이 익숙하지 않은 창작자는 어떤 방식으로 블로그를 성장시켜야 할까? 바로 키워드 확장과 황금 키워드 전략에서 답을 찾을 수 있다. 하나씩 살펴보자.

N차 키워드
확장 전략

알파문구에서 산 동아 볼펜을 리뷰한다고 가정해보자. 블로그 입문자 대부분이 '동아 볼펜'이라는 고유명사에 먼저 집중할 것이다. 이는 키워드 확장을 방해하는 좋지 않은 습관이다. 시작은 더 큰 범주에 해당하는 '볼펜' 그 자체가 되어야 한다. 두 가지 이유가 있다. 첫 번째, 검색량이 훨씬 더 많다. 두 번째, 연관 키워드를 찾는 데 유리하다.

먼저 검색량과 연관 키워드를 확인하는 방법을 알고 있어야 한다. 무료 플랫폼을 이용하면 된다. 네이버 검색광고(searchad.naver.com)에서도 확인할 수 있지만 개인적으로 '블랙키위(blackkiwi.net)' '키워드사운드(keywordsound.com)' 같은 키워드 분석 플랫폼을 추천한다. 사용자 친화적인 웹사이트로 누구나 사용하기 쉽고 키워드 선택에 도움을 주는 다양한 정보를 함께 제공하고 있기 때문이다. 여기서는 블랙키워를 기준으로 설명하겠다.

블랙키워에서 당신이 가장 먼저 확인해야 할 정보는 [월간 검색량]이다. 한 달 동안 네이버 검색 이용자들이 특정 키워드를 얼마나 많이 그리고 어떤 기기를 가지고 검색하고 있는지 한눈에 쉽게 알 수 있다. 그리고 [연관 키워드]로 네이버 검색 이용자들이 특정 키워드와 함께 검색하는 또 다른 키워드들을 손쉽게 확인할 수 있다.

키워드는 크게 메인 키워드와 서브 키워드 두 가지로 나뉜다. 나는 이를 1차, 2차, 3차, N차 키워드로 구분하고 있다. 당연히 1차 키워드가 메인 키워드가 되고, 메인 키워드에 다른 키워드를 붙이는 방식으로 2차, 3차 같은 서브 키워드가 만들어진다. 참고로 메인 키워드는 숏테일 키워드, 서브 키워드는 롱테일 키워드라고도 부른다.

그렇다면 '국산 볼펜 추천'은 몇 차 키워드일까? 3차 키워드다. 1차 키워드는 '볼펜'이다. 이는 보편적인 키워드이므로 검색량이 가장 많다. 2차 키워드는 '볼펜 추천'과 '국산 볼펜' 두 가지로 나눌 수 있다. 여기서 N차 키워드를 구성할 때 키워드 순서는 중요하지 않다는 점을 확인할 수 있다. 이처럼 키워드 확장은 무궁무진하다. 범주를 좁혀나가도 되고 기존의 연관 키워드를 활용해도 된다. 그리고 2차 키워드를 모두 섞어 3차 키워드를 만들 수 있다. 1차 키워드는 누구나 상위노출을 원하는 핵심 키워드다. 그만큼 경쟁이 치열하다. 반면 N차 키워드로 확장하면 할수록 일반적으로 검색량은 줄어들지만 경쟁은 수월해진다.

앞서 당신이 처음부터 경쟁이 치열한 키워드를 잡을 확률은 매우 낮다고 이야기했다. 그렇다고 해서 메인 키워드, 그러니까 1차 키워드를 아예 포기하라는 뜻은 절대 아니다. 1차 키워드 외 2차, 3차 키워드 등의 확장으로 일종의 보험을 들어놓기를 권하는 것이다. 공들여 작성한 글을 아무도 보지 않으면 누구라도 쉽게 지치기 때문이다. '티끌 모아 태산'이라는 속담이 있다. N차 키워드를 활용해 문서 하나로 하루에 20명의 검색 이용자 유입을 기대할 수 있다면, 그런 문서를 10개만 발행하면 약 200명의 일 방문자수를 기대할 수 있다.

키워드를 활용한 효과적인 제목 만들기

키워드를 선정했다면 그것을 활용한 제목을 만들어야 한다. 자연스러운 문장으로 만드는 게 중요하다. 다양한 키워드를 모두 노출하고 싶은 마음에 키워드를 기계적으로, 반복적으로 삽입하는 일은 지양해야 한다. '국산 볼펜 중에 볼펜 추천은 동아 볼펜'이라는 제목처럼 1차, 2차, 3차 키워드를 독립적으로 넣는 것은 좋지 않다. 나라면 '국산 볼펜 중에서 동아를 추천하는 이유'라고 만들겠다. 이렇게 자연스러운 제목을 만들고 본문에서 N차 키워드를 독립적으로 언급하면 된다.

피해야 할 제목 형식이 있다. 예전에 유행하던 방식으로 제목 앞에 해당 문서가 어떤 주제를 다루고 있는지 키워드를 입력하는 형식이다.

제목에 키워드를 잘못 사용한 예시

- [서울맛집] 망년회 하기 좋은 강남역 XXXX 이자카야
- [IT] 삼성페이 교통카드 사용법
- [레시피] 겨울철 꼬막무침, 아이들이 더 좋아해요
- [국내여행] 경주 뚜벅이 코스 TOP 5

키워드를 이렇게 사용하는 제목은 깔끔해 보인다는 장점이 있지만 그것이 전부다. 오히려 득보다 실이 많다. 네이버의 알고리즘과 로직이 해당 형식으로 달린 제목의 문서를 중복 문서로 오인할 가능성이 있기 때문이다.

방문자수를 높이는
황금 키워드 전략

황금 키워드는 검색 이용자들의 관심에 비해 관련 문서가 적은 키워드를 뜻한다. 검색 상위노출 경쟁률은 낮고, 상위노출이 되었을 때 기대할 수 있는 방문자수는 많다는 의미로 해석할 수 있다. 따라서 황금 키워드는 입문자부터 파워블로거까지 모두가 방문자수를 높이기 위해 꾸준하게 신경 써야 하는 요소 중 하나다. 그럼 어디서, 어떻게 찾아야 할까?

마찬가지로 블랙키위, 키워드사운드 같은 무료 키워드 분석 플랫폼을 이용하면 된다. 블랙키위에서 제공하는 정보 중 [콘텐츠 포화지수]가 있다. 해당 값이 '낮음'으로 표시되는 키워드를 찾으면 된다.

그런데 한 가지 유의 사항이 있다. 이슈성 키워드에 한해서는 입문자에게 황금 키워드가 큰 의미가 없다. 예를 들면 아이폰15 같은 신제품 스마트폰이 출시되었을 때 해당 키워드로 작성된 문서는 많지 않지만 검색량은 매우 많다. 이때 아이폰15라는 키워드의 [콘텐츠 포화 지수]는 '매우 낮음'으로 표시될 것이다. 그러나 너도나도 검색 상위노출을 위해 해당 키워드 관련 문서를 작성하므로 발행량이 매우 빠른 속도로 쌓이게 된다. 결국 당신이 경쟁에서 밀릴 확률이 매우 높다. 따라서 블로그 입문자는 이슈성 키워드가 아닌 것 중에서 황금 키워드를 찾는 게 좋다.

돈이 되는 키워드
확인 방법

먼저 네이버 애드포스트의 수익 구조를 간단하게 이해할 필요가 있다. 애드포스트는 일정 조건을 만족하는 블로그에 문서와 관련한 광고를 게재해 수익을 창출하도록 하는 창작자 보상 프로그램이다. 블로그로 유입된 검색 이용자가 본문 속 파워링크 광고를 클릭해 CPC, CPA, CPS, CPI 수익이 발생하면 그 일부를 창작자에게 나눠준다. 여기서 잠깐 네이버 블로그 수익화에 필요한 온라인 마케팅 용어부터 짚고 넘어가자.

네이버 블로그에서 자주 활용되는 온라인 마케팅 용어

- CPC(Cost Per Click): 광고 영역 클릭당 수익 발생
- CPA(Cost Per Action): 광고 영역 클릭 후 특정 행위(예: 회원가입, 상담, 설문 등) 발생 시 수익 발생

- CPS(Cost Per Sale): 광고 영역 클릭 후 일정 시간 내 상품 판매 시 수익 발생

- CPI(Cost Per Install): 광고로 모바일 앱 설치 시 수익 발생

당연히 조회수 1만 회를 기록한 단가 70원짜리 키워드보다, 조회수는 1,000회로 낮지만 단가 1만 원짜리 키워드로 작성한 콘텐츠의 기대수익이 훨씬 높을 수 있다. 다음 표를 보면 쉽게 이해될 것이다.

키워드별 입찰 단가

주제	키워드(월간 조회수)	입찰 단가(1위 노출 기준)
비즈니스·경제	해외주식(22,420)	모바일: 31,950원 PC: 61,800원
	자동차보험(160,700)	모바일: 21,800원 PC: 31,360원
	가계부(93,900)	모바일: 2,190원 PC: 590원
IT·컴퓨터	노트북(345,900)	모바일: 9,670원 PC: 11,960원
	아이폰14(525,200)	모바일: 7,150원 PC: 3,280원
	컴퓨터수리(45,320)	모바일: 15,720원 PC: 21,330원

출처: 블랙키위, M-자비스(2023년 1월 기준)

키워드 검색량과 단가는 비례하지 않는다. 그리고 주제에 따라서도 단가가 달라진다. 하루 평균 3만 명이 방문하는 IT·컴퓨터 블로그보다 1만 명이 방문하는 비즈니스·경제 블로그의 애드포스트 수익이 더 높을 수 있는 이유다. 챕터 2에서 돈이 되는 주제와 돈이 되지 않는 주제가 존재한다고 이야기했던 것 기억나는가? 애드포스트 수익을 극대화하길 원한다면 키워드 단가가 비싸면서 대기업 광고주가 많은 주제를 선택하는 게 여러모로 유리하다. 보험사, 증권사, 은행이 주 광고주로 있는 비즈니스·경제 분야가 대표적이다. 이런 특징을 전략적으로 활용하면 상대적으로 노출 경쟁이 치열하지 않은 키워드로도 높은 애드포스트 수익을 기대할 수 있다.

키워드 단가를 확인하는 방법은 다양하다. 다음 페이지에서 확인할 수 있는 '네이버 검색광고'에서 [월간 예상 실적] 기능으로 입찰가에 따른 노출수(순위)를 직접 확인해보는 게 가장 정확하다. 그러나 PC에 최적화되어 있고 대량의 키워드를 조회하기 번거롭다는 단점이 있다.

대신 카카오톡 채널 형태로 운영되는 'M-자비스' 서비스를 사용해보길 권한다. 마찬가지로 다음 페이지에서 확인 가능하다. 카카오톡에서 'M-자비스'를 검색하고 채널을 추가하자. 그리고 1:1 채팅방에 단가를 확인하고 싶은 키워드 끝에 '@' 붙여 전송하면 된다. 그럼 조회일 기준으로 한 달간 해당 키워드의 네이버 광고 파워링

◈ 네이버 검색광고를 사용한 키워드 단가 확인 예시

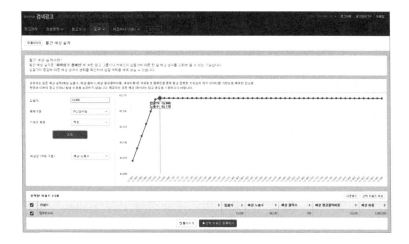

◈ M-자비스를 사용한 키워드 단가 확인 예시

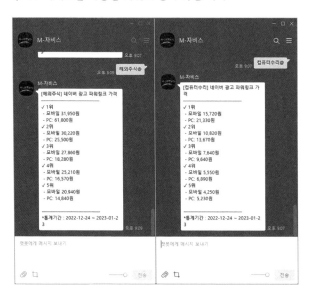

블로그 운영의 기초   PART 2

크 가격을 빠르게 확인할 수 있다. 사용법이 쉽고 노출 기기(모바일, PC)와 순위(1~5위)에 따라 딘기를 안내해줘서 여러모로 유용하다.

장기적으로 황금 키워드와 단가 높은 키워드를 엑셀로 정리하는 것이 좋다. 그렇게 정보가 어느 정도 축적되면 크몽, 숨고 같은 프리랜서 마켓 플랫폼에서 '황금 키워드 모음집' '단가 높은 키워드 모음집' 등의 이름으로 자료를 판매해 부수입을 기대할 수 있다. 반대로 누군가 이미 정리해놓은 키워드 모음집을 구매해 활용하는 것도 좋은 방법이다.

지금까지 블로그 운영과 떼려야 뗄 수 없는 키워드와 관련된 내용을 살펴봤다. 이 챕터 초반에 강조했던 네이버 블로그 수익화와 키워드 노출력의 선순환 구조를 잊지 말자. 우리는 취미로 없는 시간을 쪼개가면서 블로그에 올릴 콘텐츠를 제작하는 것이 아니다. 월급 외 수익을 만들기 위함이다. 따라서 아무 생각 없이 무작정 글쓰기를 시작하지 말고, 여기서 소개한 내용을 블로그 성장과 애드포스트 수익 증가에 도움이 되는 쪽으로 활용해 키워드와 제목부터 공들여 정하는 습관을 들여라.

모두가
좋아하는 글은
이렇게
탄생한다

네이버 검색엔진이
좋아하는 글

챕터 1에서 네이버의 알고리즘과 로직에 관한 내용에 집중했다면 창작자의 경험이 담긴 글쓰기가 중요하다는 사실을 충분히 이해하고 있을 것이다. 네이버가 말하는 진짜 경험을 콘텐츠에 담기 위해서는 정보의 재해석과 스토리텔링이 반드시 필요하다. 객관적인 정보를 전달하는 것도 중요하지만 그보다 더 중요한 게 개인적인 경험을 반영해 재해석하는 일이다. 이는 같은 내용의 콘텐츠를 너도나도 만들 수 있는 네이버 블로그 생태계에서 당신의 콘텐츠를 돋보이게 만드는 무기가 될 수 있다.

그러나 D.I.A. 로직의 부작용이라고 언급했던 키워드(주제)와 무관한 내용으로 분량을 채우려고 해서는 안 된다. 검색 이용자들의 공감을 이끌어내는 글을 작성하는 데 집중해야 한다. 같은 검색 이용자 입장에서 그들이 무엇을 궁금해할지 충분히 생각해보고 글을 쓰는 습관을 들여야 한다.

좋은 글은 가독성이 뛰어나다. D.I.A. 로직을 설명할 때 체류 시간을 강조했었다. 읽기 어려운 글은 뒤로가기 버튼을 누르게 만든다. 눈살을 찌푸리게 만드는 비속어는 당연히 사용해서는 안 된다.

그리고 남녀노소 누구에게나 통용되는 보편적인 단어가 아니라면 되도록 사용하지 않는 것이 좋다. 있어 보이기 위해서 어려운 단어와 표현을 사용하는 것을 지양해야 한다. 누구나 쉽게 읽을 수 있어야 한다. 아무리 어려운 내용이라도 중학생도 이해할 수 있게 쉽게 풀어서 설명해야 한다. 당신에게는 너무나도 익숙한 용어일지라도 누군가에게는 생전 처음 접한 용어일 수도 있다는 생각을 항상 하자. 한마디로 불특정 다수에 해당하는 검색 이용자에게 최대한 불편함을 주지 않는 글을 작성해야 한다는 의미다. 쉽게 읽히는 글은 당신이 이전에 올린 다른 콘텐츠까지 궁금하게 만들 것이다.

단문과 복문을 적절하게 활용해야 한다. 한 문장 속에 다른 문장이 종속된 문장을 '복문'이라고 한다. 반대로 문장 하나에 주어와 서술어가 하나씩 있는 문장을 '단문'이라고 한다.

단문과 복문의 예시

- 단문: '카카오톡을 모르는 사람은 없다.'
- 복문: '인생은 짧고 예술은 길다.' '나는 꽃이 지고 나서야 봄이 왔음을 알았습니다.' '나는 어제 카페 앞을 지나가다가 브런치를 먹고 있는 너를 한참 보고 있었어.'

복문이라고 해서 문장의 길이가 무조건 긴 것은 아니지만 대개하고 싶은 이야기가 많을수록 문장이 길어지기 쉽다. 물론 잘 구성된 복문은 글에 리듬감을 더하고 맛있게 읽힌다. 그러나 나나 당신은 전문 작가가 아니다. 많은 내용을 한 번에 전달하고 싶은 마음에 툭하면 2~3줄짜리 무거운 문장을 만들 것이 분명하다. 그리고 그런 문장을 쓴 당신조차 나중에 다시 읽으면 무슨 말인지 한 번에 파악하기 어려울 것이다. 따라서 가장 이상적인 글쓰기는 단문을 주로 사용하되 그것으로 뜻을 정확하게 전달하기 어려운 경우에만 복문을 사용하는 것이다. 여기에는 두 가지 이유가 있다.

첫 번째, 단문의 가독성이 더 높다. 복문보다 단문이 핵심 내용을 명확하게 드러내는 데 유리하다. 실제로 몰입감 있게 술술 읽히는 글을 분석해보면 복문의 비중보다 짧은 호흡의 문장이 더 많다. 그런데 블로그 강의를 하다 보면 단문이 가독성에 훨씬 유리하다는 점을 십분 이해하고 있음에도, 성의 없어 보이고 단조로운 문장 때문에 읽는 재미가 반감되지는 않을까 걱정하는 사람들이 있다. 글쎄다. 네이버 블로그 수익화의 전제 조건은 검색 이용자들에게 도움이 되는 정보성 콘텐츠를 작성하는 것이다. 그런 측면에서 전달력이 높아 핵심 내용을 잘 드러낼 수 있는 단문이 더 낫지 않을까?

두 번째, 네이버 검색엔진이 단문을 더 쉽게 분석한다. 사람이 읽어도 어떤 내용을 전달하는지 알기 어려운 문장을 컴퓨터가 이해할 수 있을까? 물론 기술이 나날이 발전하고 있기에 언젠가 내가 개떡같이 써도 찰떡같이 이해하는 AI 기술이 네이버 검색엔진에도 적용될 수 있다. 그러나 지금은 아니다. 검색엔진이 당신이 작성한 콘텐츠가 어떤 주제를 담고 있는지, 주제의 일관성은 갖추고 있는지, 검색 키워드에 충실한지 등을 파악하는 데 복문은 여러모로 불리하다. 생각보다 많은 사람이 문장의 형태가 단기적으로는 검색결과 노출에, 장기적으로는 블로그 지수에 영향을 준다는 사실을 모른다. 한 가지만 기억하자. 내가 이해하기 어려운 문장은 네이버 검색엔진도 이해하기 어렵다.

구성이 먼저다

나는 더 나은 글을 작성하기 위해 지금까지 글쓰기에 관한 다양한 책을 읽었다. 모든 책에서 공통으로 말하는 것이 하나 있었다. 다짜고짜 글부터 쓰지 말고 플롯을 먼저 짜라는 것이다. 플롯은 우리말로 '구성'을 뜻한다. 전체 문서를 어떻게 구성할지, 어디서 어떤 내용을 다룰지 대략적인 구조를 먼저 잡아놓으라는 것이다.

　서론, 본론, 결론에 따라 작성하는 것이 좋다. 이때 신경 써야 할 점은 일관성이다. 이야기가 삼천포로 빠지지 않도록 주의해야 한다. 처음부터 끝까지 주제, 키워드와 관련된 내용을 담아야 한다. 그래야 네이버 검색엔진이 당신이 작성한 글이 검색 이용자들이 원하는 내용을 다루고 있는지 판단하기 쉽다.

처음부터
힘주지 말자

오랫동안 꾸준하게 네이버 블로그에 글을 쓰고 있는 나도 글의 첫 문단인 서두만큼은 여전히 쉽게 써지지 않는다. 시작부터 뭔가 깊은 인상을 남기고 싶어 하는 쓸데없는 욕심을 꽤 오랫동안 버리지 못했다. 나는 이걸 '작가병'이라고 부르기도 한다. 뜬구름 잡는 소리, 현학적인 표현으로 있어 보이게 작성하지 말자. 정보 전달의 목적을 지닌 글은 독자(검색 이용자)에게 친절해야 한다.

내가 생각하는 가장 이상적인 서론은 독자들에게 자신이 쓴 글을 왜 읽어야 하는지 동기를 부여해주는 것이다. 당신이 글을 쓴 의도와 그것으로 어떤 정보를 얻을 수 있는지만 언급해도 첫 문단을 벗어나는 데 큰 어려움이 없을 것이다. 그러면 이어서 나올 본론과도 자연스럽게 이어져 읽는 이들로 하여금 거부감이 들지 않게 한 다는 장점도 있다.

서론을 과감하게 생략하는 것도 하나의 방법이다. 해당 부분을 비워놓은 채로 본론부터 시작해보자. 구성을 짜놓는 것만으로는 서론에 들어갈 핵심 내용들을 간결하게 정리하는 데 어려울 수도 있다. 따라서 본론을 다 작성해놓고 각 문단을 대표하는 문장을 몇 개 가져와 살짝 어감만 바꿔 재조립하는 것도 좋다.

핵심은 시작을 잘해야 한다는 부담을 갖지 않는 것이다. 글쓰기에 익숙한 나도 첫 문단만큼은 여전히 벗어나기가 쉽지 않다. 당신이 부족해서가 아니다.

누구나 공감하는
글쓰기 예시

지금까지의 내용이 중학교에서 배우는 기본적인 글쓰기 방법이지만 쉽게 와닿지 않을 것이다. 그래서 내가 예전에 올렸던 콘텐츠 중 검색 이용자들의 많은 공감을 이끌어낸 것을 하나 예로 준비했다. '스포티파이(Spotify)'라는 글로벌 음원 스트리밍 플랫폼을 소개한 콘텐츠다. 한 달 평균 80만 회가 검색되고 있지만 [콘텐츠 포화 지수]는 1%대로 검색노출 경쟁이 매우 약한 키워드다. 앞서 이런 키워드가 황금 키워드가 될 수 있다고 소개했었다.

먼저 제목은 '스포티파이 프리미엄 가격 및 사용 방법, 흥행할 수 있을까?'라고 지었다. 앞서 키워드 관련 챕터 3에서 배운 것을 토대로 이 제목을 한번 분석해보자. 1차 키워드는 '스포티파이' 그 자체다. 2차 키워드는 '스포티파이 프리미엄' '스포티파이 가격' '스포티파이 사용 방법'이고, 3차 키워드는 '스포티파이 프리미엄 가격' '스포티파이 프리미엄 사용 방법'으로 구분할 수 있다.

서론에서는 스포티파이가 어떤 서비스를 제공하는지 전혀 모르는 검색 이용자들을 위해 플랫폼을 간략하게 소개하는 동시에 '과연 국내에서도 해외처럼 스포티파이가 성공할 수 있을까?'라는 궁금증이 생기도록 질문을 던졌다. 내가 작성한 문서에서 제공하는 정보를 보고 검색 이용자들도 나름의 판단을 할 수 있도록 의도한 것이다.

본론에서는 제목에 사용한 키워드 중 하나인 '스포티파이 프리미엄 가격'으로 이야기를 시작했다. 객관적인 가격 정보를 안내하면서 해외랑 다른 가격 정책에 대한 개인적인 아쉬움을 토로하며 공감을 이끌고자 했다. 이어서 모바일 앱 설치 방법부터 시작해 UX·UI 소개, 지원 기능을 차례대로 소개하면서 각각에 개인적인 생각을 덧붙였다. 인상적인 점, 마음에 들었던 점을 칭찬함과 동시에 아쉬웠던 내용도 함께 공유하면서 검색 이용자로 하여금 '이 사람이 해당 서비스를 충분히 이해하고 이 글을 작성했구나'라는 생각을 하게끔 만들려고 했다.

결론에서는 본론에서 이야기했던 내용들을 근거로 서론에서 검색 이용자들에게 던졌던 물음인 '스포티파이가 한국에서도 흥행할 수 있을까?'라는 질문에 나름의 답을 내리면서 글을 마무리했다.

어떤가? 단순히 정보를 나열하는 것보다 끝까지 읽고 싶다는 생각이 들지 않는가? 물론 호불호가 갈릴 수 있겠지만 현재 네이버의 알고리즘과 로직은 객관적인 정보 외에도 창작자의 경험을 바탕으로 한 개인적인 의견을 매우 중요하게 여기고 있다. 이야기가 있는 콘텐츠, 주제에서 벗어나지 않는 콘텐츠 그리고 정확한 정보를 제공하는 콘텐츠를 작성하는 것이 중요하다.

입문자를 위한 글쓰기 기술

✳ 서체 & 정렬

글쓰기에는 정답이 없다. 그러나 일 방문자수 5명을 시작으로 누적 방문자수 4,800만 명 이상을 달성하고, 블로그차트 기준 IT·인터넷 분야 1위끼기 달성한 내가 수녀째 네이버 블로그에 글을 작성하면서 느낀 바 네이버가 선호하고, 반대로 싫어하는 글이 분명히 존재한다. 따라서 여기서는 입문자에게 최적화된 네이버가 좋아하는 글쓰기 기술을 소개하겠다.

모바일과 PC에 최적화된 글자 크기는 16이다. 간혹 스크롤을 더 많이 하게끔 만들어 체류 시간을 조금이라도 더 늘려보려고 글자 크기를 24 이상으로 설정하는 사람이 있다. 이는 오히려 가독성을 해쳐 검색 이용자들이 뒤로가기 버튼을 누르게 만들 확률이 높다. 그리고 행간은 200%, 210%가 보기 좋다.

서체는 가독성이 좋은 고딕 계열을 선택하는 것이 좋다. 예쁘다는 이유로 필기체를 사용하는 사람이 생각보다 많다. 그러나 오픈서베이가 발표한 통계 자료("소셜미디어·검색포털 트렌드 리포트 2023")를 보면 문서를 작성할 때 MZ세대뿐만 아니라 중년층까지 고려할 필요가 있음을 확인할 수 있을 것이다. 이런 까닭에 독특한 서체는 본문 전체에 적용하는 것보다 소제목처럼 눈에 확 띄는 요소를 넣어야 할 때만 사용하는 게 좋다. 개인적으로 되도록 사용하지 않을 것을 권한다. 나만 그런지는 몰라도 필기체로 된 문장을 읽을 때 눈에 힘이 더 많이 들어가 쉽게 피로해진다.

네이버 블로그를 처음 시작할 때 문단 정렬을 어떤 방식(왼쪽, 가운데, 오른쪽, 양끝)으로 해야 좋을까 고민했던 적이 있다. 절대 공식은 없다. 당연히 특정 정렬 방식이 상위노출에 유리하다는 소리는 말도 안 되는 이야기다. 핵심은 PC, 스마트폰, 태블릿 등 다양한 기기에서 모두 가독성이 높아야 한다는 것이다. 따라서 기본 설정인 왼쪽 정렬을 사용하면 된다.

네이버가 제공하는 주제별 상위 1,000개 게시물에 대한 평균 데이터(블로그 평균 데이터 페이지의 [기기별 분포], 2023년 1월 기준)에 따르면 몇몇 주제(문학·책, 미술·디자인, 사진, 좋은글·이미지, 인테리어·DIY)를 제외한 나머지 주제에서는 PC보다 모바일로 블로그 콘텐츠를 접하는 사람이 더 많다. 따라서 당신이 제작한 콘텐츠가 모바일에서 어떻게 보이는지, 잘 읽히는지 틈틈이 확인하면서 더 나은 방향이 있는지 꾸준하게 찾을 필요가 있다.

가운데 정렬을 사용하는 사람이 많은데, 재치 있고 리듬감 있는 글쓰기에 유리하다는 장점이 있지만 가독성을 해칠 가능성이 있다. 글을 읽다가 흐름이 끊기는 일이 잦고 집중해서 읽기 어렵다. 특히 모바일에서 문장이 어중간하게 잘리는 경우가 많다. '나는 그런 것까지 다 고려해서 가운데 정렬을 사용하기 때문에 가독성이 좋아!'라고 착각하는 사람이 있을 수 있다. 당신이 보고 있는 스마트폰의 화면 크기와 다른 검색 이용자들이 보고 있는 스마트폰의 화면 크기가 같지 않을 수 있다는 점을 인지해야 한다. 따라서 가운데 정렬

◆ 눈을 피로하게 만드는 가운데 정렬 사용 예시

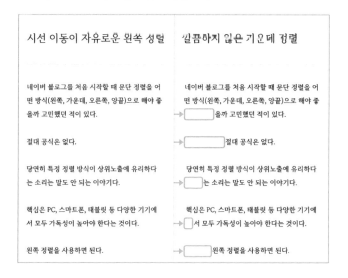

은 정말 짧은 문장이나 감탄사 등을 강조해야 할 때만 사용하는 것이 좋다.

　그리고 문장 하나가 끝날 때마다 개행문자(줄바꿈)를 삽입하는 방식으로 새로운 문장이 시작됨을 직관적으로 안내하는 것이 좋다. 이때 스마트에디터 ONE 화면의 오른쪽 하단에 지금 작성하고 있는 콘텐츠가 PC, 태블릿, 모바일 화면에서 어떻게 보이는지 실시간으로 확인시켜주는 [미리 보기] 기능을 사용하면 좋다. 다시 한번 강조하지만, 당신이 아닌 검색 이용자들이 편하게 읽을 수 있는 콘텐츠를 만들어야 한다.

◇ 스마트에디터 ONE의 [미리 보기] 기능 사용 예시

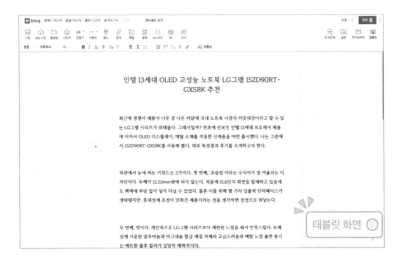

추가로 [기본 서체 설정] 기능을 사용하면 유용하다. 서체, 크기, 색상, 행간, 정렬을 한꺼번에 설정할 수 있고, 한 번만 지정해놓으면 계속 유지되어 문서 작성에 효율적이다.

문서의 기본 항목을 한 번에 설정하는 법

· [블로그 관리] → [기본 설정] → [기본 정보 관리] → [기본 서체 설정]

✳ 소제목 & 인용구 & 스티커

[소제목] [인용구] 그리고 [스티커] 기능을 활용하면 가독성이 높

고 짜임새 있는 글을 손쉽게 쓸 수 있다. 정말 별것 아니지만 같은 내용을 담고 있는 당신의 경쟁자들이 제작한 콘텐츠보다 훨씬 더 매력적으로 보일 것이다. 이때 [구분선] 기능까지 활용하면 잡지 같은 깔끔한 느낌을 줄 수 있다. 이는 검색 이용자들뿐만 아니라 광고주의 눈에도 좋게 보인다.

정보 전달 콘텐츠라면 [소제목] 기능을 사용해 각 문단이 어떤 내용을 담고 있는지 간략하게 정리하는 것으로 글을 시작하자. 그러면 현재 스마트에디터 ONE에서 지원하지 않는 목차 기능을 기대할 수 있다. 이것으로 검색 이용자들이 원하는 정보를 빠르게 찾는 데 도움을 줄 수 있다.

◆ [소제목] 기능을 활용한 목차 예시

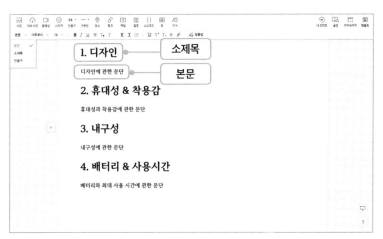

혹자는 그들이 필요한 정보만 확인하고 페이지를 이탈하면 체류 시간이 짧아지지 않을까 걱정할 수 있다. 그러나 먼저 30초라도 일단 읽게 만드는 것이 중요하다. 스마트폰으로 네이버에서 상품 후기를 검색한다고 가정해보자. 나 같은 경우에는 일단 처음부터 끝까지 빠른 속도로 문서를 훑는다. 그리고 내게 도움이 될 것 같은 내용이 있으면 읽고, 그렇지 않으면 그냥 뒤로가기 버튼을 누른다. 아마 대부분이 나랑 비슷할 것이다. 그때 눈에 확 들어오는 소제목으로 콘텐츠 내용을 깔끔하게 정리해서 보여준다면, 검색 이용자들이 페이지에서 바로 이탈해 오히려 체류 시간이 짧아지는 현상을 막는 데 큰 도움이 된다.

[인용구] 기능은 핵심 내용을 강조할 때 사용하기 좋다. [인용구] 기능을 소제목처럼 문단의 시작과 끝을 구분하도록 사용하기에는 '나눔명조' 외 다른 서체로 변경이 불가능해 본문과의 이질감이 상당하다. 따라서 명언과 책의 일부를 인용, 발췌할 때 그리고 콘텐츠에서 강조하고 싶은 핵심 문장에 사용하기 적합하다.

소셜 크리에이터 플랫폼인 네이버 OGQ(Open Global Question) 마켓(ogqmarket.naver.com)에서 구매할 수 있는 스티커를 활용해 더욱 풍부한 콘텐츠를 만들 수 있다. 대표적으로 넘버링과 공정위(공정거래위원회) 문구 스티커를 꼽을 수 있다. 넘버링 스티커는 TOP 5, TOP 10 등 순위를 매기는 콘텐츠, 레시피처럼 순서대로

사파리, 웨일, 네이버 모바일 앱 등 무엇을 사용해도 상관없다. 본문에서는 NAVER 공식 앱을 기준으로 설명한다. 로그인 상태에서 타겟 Naver 커뮤니티로 이동하자. 그리고 카페명, 멤버 수, 대문 이미지가 출력된 화면 상단에서 [카페 정보] 메뉴를 찾아 터치하자.

따라 해야 하는 콘텐츠를 만들 때 매우 유용하다. 대가성(유료) 콘텐츠에 꼭 포함해야 하는 공정위 문구 역시 세련되고 깔끔한 스티커로 대신할 수 있다. 물론 포토샵 같은 이미지 편집 프로그램을 사용해 직접 만들어도 되지만, 본문과 전혀 관련 없는 이미지까지 검색엔진이 수집하게 되므로 개인적으로 추천하지 않는다.

스티커 하나당 1,500~2,000원에 판매되고 있고, 한 번 구매하면 계속 사용이 가능하니 네이버 OGQ마켓을 쭉 한번 훑어보고 당신의 콘텐츠 품질을 높이는 데 도움될 만한 게 있다면 커피 한 잔

값 정도는 투자하자.

✳️ 목록

기호, 숫자 형태의 [목록] 기능은 현재 스마트블록과 지식스니펫 노출에 긍정적인 영향을 주는 것으로 파악된다. 네이버가 제공하는 지식스니펫 세 가지 형태에 리스트형이 포함되어 있고, 실제로 해당 기능을 활용해 일목요연하게 정리된 콘텐츠가 노출된다는 점에서 힌트를 얻을 수 있다. 따라서 당신의 콘텐츠에 이를 활용할 수 있다면 적극적으로 사용하는 것이 좋다.

◆ [목록] 기능 사용 예시

[목록] 기능을 사용하면 좋은 경우

- 문서에 목차 삽입
- '~하는 법'을 순서대로 제공
- 사양, 특징 정리
- 장점과 단점 정리

✳️ 표

'아이패드 프로 4세대 11형은 124만 9,000원이고, 아이패드 에어 5세대는 92만 9,000원이다. 그리고 전자에는 애플의 최신 칩셋인 M2, 후자에는 2020년에 출시된 M1이 탑재되어 있으며, 화면 크기는 각각 29.7cm, 27.5cm로 큰 차이가 없다.'

애플 아이패드 모델 2개의 가격과 사양을 문장으로 비교한 것이다. 눈에 확 들어오지 않고 읽기가 어렵다. 같은 내용을 다음 페이지의 사진처럼 [표] 기능을 사용해 변경해보자.

[표] 기능을 사용하는 게 검색 이용자가 궁금해하는 내용을 확인하는 데 문장보다 훨씬 더 유리하다. 가독성이 떨어지는 문장보다 깔끔하게 정리된 표 하나가 더욱 효과적일 때가 생각보다 많다. 이를 항상 기억하고 콘텐츠에 [표] 기능을 활용할 수 있을지를 먼저 검토하라. 그리고 앞서 소개한 [목록] 기능과 마찬가지로 지식

◆ [표] 기능 사용 예시

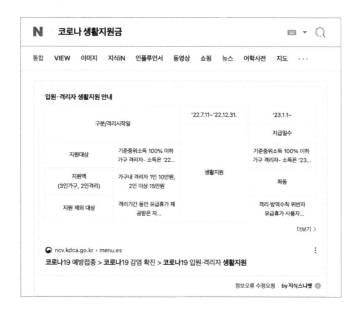

대표 스펙 비교

	아이패드 프로 4세대 11형	아이패드 에어 5세대
칩셋	M2	M1
메모리	8GB / 16GB	8GB
저장소 용량	128GB / 256GB / 512 GB 1TB / 2TB	64GB / 256GB
디스플레이	29.7cm 리퀴드 레티나	27.5cm 리퀴드 레티나
크기(무게)	466g(Wi-Fi) 468g(Wi-Fi + Cellular)	461g(Wi-Fi) 462g(Wi-Fi + Cellular)
가격	1,249,000원 ~	929,000원 ~

◆ 테이블형 지식스니펫 예시

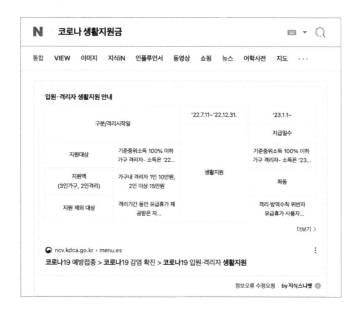

코로나 생활지원금

통합 VIEW 이미지 지식iN 인플루언서 동영상 쇼핑 뉴스 어학사전 지도 · · ·

입원·격리자 생활지원 안내

구분/격리시작일		'22.7.11~'22.12.31.	'23.1.1~
			지급일수
지원대상	기준중위소득 100% 이하 가구 격리자~ 소득은 '22...	생활지원	기준중위소득 100% 이하 가구 격리자~ 소득은 '23...
지원액 (3인가구, 2인격리)	가구내 격리자 1인 10만원, 2인 이상 15만원		좌동
지원 제외 대상	격리기간 동안 유급휴가 제 공받은 자...		격리·방역수칙 위반자 유급휴가 사용자...

더보기 >

ncv.kdca.go.kr › menu.es

코로나19 예방접종 > 코로나19 감염 확진 > 코로나19 입원·격리자 생활지원

정보오류 수정요청 **by 지식스니펫** ⓘ

스니펫 형태에 테이블(표)형이 포함되어 있다. 그래서 나는 네이버가 목록과 표가 삽입된 콘텐츠를 긍정적으로 평가한다고 생각하고 이 두 기능을 적극적으로 활용하고 있다. 당신도 적극 사용하라.

✳ 경어체 vs. 평어체

정답은 없다. 경어체(존댓말)는 검색 이용자로 하여금 친근하고 존중받는 기분을 느끼게 한다. 그리고 분량을 채우기에 유리하다. 그러나 표현의 자유도가 낮고, 높임 어미와 종결 어미가 다양해서 당신만의 글쓰기 스타일을 정립하기까지 많은 연습이 필요하다. 그리고 복문으로 작성 시 가독성이 떨어져 한 번에 이해하기 어려운 문장이 되기 십상이다.

평어체(반말)는 명확한 정보 전달에 주로 사용된다. 리듬감이 느껴지고 몰입감이 높은 글쓰기에 유리하다. 그리고 글에서 느껴지는 거리감이 객관성과 신뢰성을 높여주는 요소로 작용할 수 있다. 이는 신문, 책 등에서 평어체를 사용하는 이유이기도 하다. 그러나 딱딱하고 자칫 건방져 보일 수 있다.

나는 블로그 운영 초창기에는 경어체를 사용했다. 그러나 높임 어미 때문에 문장이 불필요하게 늘어지고 언젠가부터 지루한 느낌이 들기 시작했다. 그래서 중간에 평어체로 변경하고 지금까지 유지하고 있다. 각각 일장일단이 있었다. 검색 이용자가 예비 고객이 될 수 있는 콘텐츠, 예를 들면 블로그 강의 홍보글 같은 광고성 내용을 전달할 때는 경어체가 그렇다. 하지만 네이버 검색엔진이 좋아하는 경험과 주관적인 해석이 담긴 글쓰기에는 개인적으로 평어체가 더 잘 맞았다.

여기에는 개인차가 있을 수밖에 없다. 그래서 선택하는 팁을 공유한다. 똑같은 글을 경어체, 평어체 버전으로 하나씩 만들어놓고 정독해보자. 평소 당신의 어투에 가깝고 자연스럽게 읽히는 버전으로 글쓰기를 시작해보자. 이쯤에서 주제, 내용에 따라 경어체와 평어체를 번갈아 사용하면 되지 않냐는 질문이 나와야 정상이다. 하지만 개인적으로 추천하지 않는다. 네이버 이용약관에 따르면 본인의 계정을 다른 사람이 사용하게 할 수는 없다. 따라서 큰 틀에서의 문체는 하나로 유지하는 것이 좋다.

블로그의 일부 카테고리를 대여해주고 매달 일정 금액을 받는 수익화 방법이 있다. 이 방법은 원고 단순 발행과 방식이 비슷하기 때문에 따로 자세하게는 다루지 않겠지만, 이렇게 발행된 콘텐츠는 매매·대여 등 비정상적 출처에서 생산된 문서로 의심받을 수 있다. 이는 네이버가 공개한 알고리즘이 의심하는 어뷰징 문서들의 대표적인 특성 중 하나다. 물론 원고 단순 발행처럼 중복되는 내용과 이미지가 문제시되는 경우가 대부분이고, 네이버가 문체의 차이로 불이익을 받을 수 있다는 점을 그 어디에서도 명확히 언급하지 않았다. 따라서 내가 괜히 확대해서 해석하는 것일 수도 있다. 그러나 하나의 블로그를 여러 명이 운영하는 것처럼 보일 여지를 일체 주지 않는다는 점에서 나는 주제에 따라 문체를 달리하는 것보다는 경어체, 평어체 중 하나만 쭉 사용하길 권한다.

❋ 글의 분량

이제 막 네이버 블로그 수익화를 위해 글쓰기를 시작하려는 당신이 가장 신경 써야 할 점은 분량이다. 결론부터 말하면 정답은 없다. 나는 어떤 콘텐츠를 제작하느냐에 따라 800~3,000자 사이를 왔다 갔다 한다. 그런데 이제 막 네이버 블로그 글쓰기를 시작했다면 N차(2차, 3차) 키워드가 검색 상위노출이 될 때까지는 공백을 제외하고 800~1,200자 정도를 작성하기를 권한다. MS 워드 기준으로 10포인트의 글자 크기로 A4 용지 1장을 가득 채우면 약 1,200자 정도가 된다. 여기에는 두 가지 이유가 있다.

첫 번째, 가늘고 길게 가기 위함이다. 앞서 여러 번 말했듯이 대부분이 당장의 가시적인 성과가 없으면 금방 지치고 얼마 못 가 포기한다. 이 분야에서 밑바닥부터 최상위까지 성장을 이룬 내가 좋은 품질의 콘텐츠를 꾸준하게 작성하면 1년 내로 당신의 연봉인상률 이상의 수익을 기대할 수 있다고 설득하더라도, 당장 수익을 거둘 수 있다는 누군가의 속삭임에 다른 머니 파이프라인으로 눈을 돌릴 수 있다. 이 책을 읽는 열에 아홉이 과거 내 직장 동료들과 친구들처럼 네이버 블로그를 월 1,000만 원짜리 머니 파이프라인으로 만든 사람은 소수에 불과하며 그런 사람들이 대단한 것이라고 치부하지 않을까 예상한다.

처음부터 의욕과 열의에 가득 차 완벽한 글을 쓰려는 사람이 많다. 영혼을 갈아 만들어도 당장 검색 이용자들에게 노출되지 않고 돈도 되지 않는 콘텐츠에 힘을 너무 쏟지 말자. 금방 지친다. 애드포스트가 승인되고 2차, 3차 키워드로 검색했을 때 당신의 콘텐츠가 첫 페이지에 노출될 때까지는 이번 챕터에서 공유한 기본에만 충실해보자. 무엇보다 꾸준하게 글쓰기를 이어가는 것이 중요하다. 이를 위한 노하우를 공유하겠다.

하루에 콘텐츠 제작에 투자할 수 있는 시간을 미리 정해놓는 것이 좋다. 책상 앞에 앉아 온전히 글쓰기에만 집중할 수 있는 시간 말이다. 이를 위해서는 출퇴근 시간과 쉬는 시간을 활용해 콘텐츠의 주제, 제목, 키워드, 참고할 정보 등을 미리 준비해놓는 게 좋다. 이때 노트 앱(예: 노션, 에버노트)이나 마인드맵 앱(예: 엑스마인드, 이드로우마인드)을 활용하면 효율적이다.

그리고 집에 돌아와 네이버 블로그 수익화를 위해 예정해놓은 시간만큼은 글을 쓰는 것이다. 개인적으로 N잡 꿈나무라면 1시간이 적당하다. 타이머를 50분에 맞춰놓고 알람이 울리면 죽이 되든 밥이 되든 결론을 작성하기 시작하자. 백날 붙들고 있어 봐야 괴롭기만 하다.

글쓰기에 익숙해지기 전까지는 정해진 시간 내 문서를 완성해야 한다는 압박감이 당신의 등을 떠밀듯 일단 뭐라도 쓰게 만들 것이다. 당장은 제목, 키워드, 핵심 주제, 내용을 다룬 문단 간의 일관성이 있다면 800자가 되지 않더라도 발행해도 좋다. 그러나 검색엔진이 너무 성의 없는 콘텐츠로 판단하지 않도록 최소 600자 이상은 쓰자.

네이버 블로그 글쓰기 습관이 당신의 일과 중 하나로 스며들기까지 꽤 많은 시간이 걸릴 수 있다. 그리고 그 과정에서 유튜브, 넷플릭스, 게임, 음주·가무 등 다양한 유혹이 글쓰기를 방해할 것이다. 그러면 글쓰기를 빨리 끝내고 여가를 즐기면 된다. 그래서 끙끙 앓으며 머리만 싸매고 시간 낭비하지 말고 정해진 시간 내 콘텐츠를 완성하는 연습을 하라는 것이다. 적절한 쉼이 없으면 월급 외 수입 창출은 현실적인 이야기가 아니다. 물론 나처럼 간절함, 절박함에 하루 4시간씩 자면서 블로그를 운영할 수도 있겠지만 그마저도 이게 돈이 된다는 확신이 어느 정도는 들었을 때의 이야기다. 따라서 애드포스트 수익이 발생하고 N차 키워드가 하나둘씩 검색결과 상단에 노출될 때까지는 창작의 성취감과 꾸준한 콘텐츠 발행으로 조금씩 늘어나는 일 방문자수를 보상이라 생각하고 버티자.

두 번째, 분량이 늘어날수록 키워드 분배가 어려워지고, 불필요한 내용까지 포함될 확률이 높아지기 때문이다. 그러면 네이버 검색엔진이 콘텐츠에 어떤 내용이 담겨 있는지, 무엇을 말하고자 하는 것인지 그리고 어떤 키워드로 노출시켜야 하는지 등을 판단하기 어려워진다.

블로그 지수가 어느 정도 쌓일 때까지는 크게 부담 없는 분량으로 글쓰기 체력을 기르는 것이 바람직하다. 가늘게라도 글쓰기가 끊기지 않고 길게 이어지는 게 중요하다. 참고로 고가의 체험단, 바이럴마케팅 대행사의 의뢰는 콘텐츠 제작 기준이 존재하며, 그 기준에 맞게 초안을 작성한 뒤 광고주에게 검수를 받고 발행하는 것이 일반적이다. 이때 요구되는 평균 분량은 공백을 제외하고 2,000자 내외다.

✚ 실시간 글자수 확인이 가능한 확장 프로그램

이쯤이면 실시간으로 글자수를 확인할 수 있는 방법이 없을까 궁금할 것이다. 네이버 블로그에서는 글자수 세기 기능을 지원하지 않지만, 국내 마케팅 운영 플랫폼인 리뷰언즈가 개발해서 무료로 공개한 '엔서포터' 웹브라우저 확장 프로그램을 사용하면 된다. 설치 방법은 다음 QR코드를 스캔해 확인하면 된다.

웹브라우저에 프로그램 설치가 완료되면 스마트에디터 ONE의 좌측 상단에서 실시간 글자수를 확인할 수 있다. 그러나 모바일 버전은 지원하지 않는다.

✳ 키워드 삽입 횟수

본문에 키워드를 삽입하는 횟수는 정해져 있지 않지만 나는 1,000자 기준으로 5회 미만을 권장한다. 문서 제목, 동영상 제목, 사진 캡션(설명)에 포함된 키워드도 세야 한다. 상위노출 욕심에 키워드를 무분별하게 삽입해서는 안 된다. 어색한 문장, 중복 문장이 될 가능성이 있고 검색엔진이 스팸문서로 분류할 수 있다.

서론에서 키워드 삽입 횟수를 모두 소진하는 것보다 서론, 본론, 결론 각 부분에 적절하게 삽입하는 게 좋다. 본문에 '#'(태그)를 사용하는 사람이 있다. 이는 가독성을 해치는 요소로 본문에 넣을 필요가 없다. 발행하기 전에 [태그 편집] 부분에 입력하면 본문에 넣는 것과 똑같은 효과가 있다.

✳ 링크 삽입

링크(link)는 웹상에서 문서와 문서를 연결하는 역할을 한다. 네이버 블로그 수익화 방법 중 대부분(체험단, 바이럴마케팅 대행사, 어필리에이트 마케팅, 서포터즈, 블로그 마켓 등)이 본문에 링크를 삽입해야한다. 링크는 크게 인바운드와 아웃바운드 두 가지 형태로 나뉜다. 전자는 네이버 도메인에 포함되는 블로그, 카페, 지식iN, 쇼핑 등의 인터넷 주소며, 후자는 그 외 쿠팡, 11번가, 이마트, SSG.COM 등 타사 인터넷 주소를 의미한다.

네이버 블로그 운영과 관련해서 '카더라 통신'으로 잘못 알려진 헛소리가 바로 인바운드 링크는 안전하고, 아웃바운드 링크는 블로그 지수를 낮춘다는 말이다. 전혀 사실이 아니다. 링크 삽입 시 주의해야 할 점은 딱 세 가지다.

첫 번째, 문서 하나에 같은 도메인의 링크를 3개 이상 삽입하지 않는 것이다. 이는 네이버 블로그를 오직 쿠팡 파트너스로 대표되는 어필리에이트 마케팅 활동으로만 사용하는 사람들이 주로 하는 실수로, 네이버에서 스팸문서로 처리할 수 있음을 공지했다.

두 번째, 블로그에 올리는 모든 문서에 동일한 링크를 기-승-전-링크 형태로 삽입해서는 안 된다. 이는 나쁜 문서를 거르는 스팸필터가 특정 링크로 유도하기 위한 도배성 문서로 분류할 가능성이 있고 키워드 검색노출에서 손해로 이어질 수 있다. 이러한 방식은 특정 링크를 반복 노출하려는 브랜드, 기업 블로그에서 자주하는 실수다. 그럴 때는 매번 문서에 삽입하는 것보다 위젯을 활용하는 것이 좋다.

세 번째, 불법 사이트 링크를 삽입해서는 안 된다. 여기서 불법의 범위는 대표적으로 도박, 대부업, 흥신소, 총기, 마약, 성매매, 불법 의료, 모조품 등을 꼽을 수 있다. 자세한 정보는 파트 3 수익 모델의 거의 모든 것을 소개한다 챕터에서 다루는 네이버 애드포스트 내용에서 확인할 수 있다. 사실 누가 봐도 불법임이 확실히 드러나게끔 처음부터 관련 내용을 문서로 작성하는 일은 없을 수도 있다. 그러나 의료법에 위반되는 시술, 자본시장법과 외국환거래법상 불법에 해당하는 FX마진거래 등을 마치 합법인 것처럼 속여 문서를 작성하게 만드는 경우가 있으니 주의할 필요가 있다.

✳️ 모방은 창작의 첫걸음

내가 처음으로 네이버 블로그에 상품 리뷰 콘텐츠를 올렸을 때가 생각난다. A라는 기능을 강조하고 싶은데 어떻게 글로 표현해야 할지 도저히 감이 잡히지 않았다. 그래서 무작정 친구에게 이야기하듯이 글에 '매우' '엄청' '진짜' 같은 부사를 남발했다. 내가 지금 전달하고 있는 상품에 대한 정보가 진실하다는 것을 검색 이용자들이 알아줬으면 하는 마음에 강요 아닌 강요를 하지 않았나 싶다. 하지만 어림도 없다.

내가 생각하는 좋은 글은 읽는 사람을 설득할 수 있어야 한다. 뭐가 좋다, 뭐가 맛있다, 뭐가 예쁘다고 직접적으로 표현하는 것보다 검색 이용자들이 나와 같은 생각을 하고 같은 감정을 느낄 수 있게 상황을 상세하고 생생하게 설명하는 게 좋다. 그런데 이제 막 블로그 주제를 정했고 그게 또 전공, 업무, 일상과는 거리가 있는 주제라면 머리로는 정리가 되어도 글로 풀어내기는 어려울 수 있다. 생각 정리에 익숙지 않고 제한적인 어휘력이 발목을 잡는다. 꾸준하게 책을 읽고 정리하는 습관을 들이는 게 가장 좋지만, 당장 블로그 글쓰기 하루 1시간도 벅찬데 보충 수업까지 하라는 것은 내 욕심이다.

따라서 당신이 선택한 주제와 관련된 내용을 다루는 다양한 형태의 콘텐츠를 틈틈이 살펴보는 것이 도움이 된다. 당신이 다루려는 주제, 키워드를 네이버에 검색해서 상위에 노출되는 콘텐츠들을 한 번씩 훑어보는 게 좋다. 반복적으로 검색 상위노출이 된다는 건 키워드와 관련된 분야에서 검색 이용자들이 선호하는 콘텐츠를 꾸준하게 제작했다는 것을 의미한다. 그들이 어떻게 이야기를 시작하는지, 어떤 용어와 표현을 쓰는지 관찰하자. 그리고 직접 평가하자. 그 과정에서 당신의 스타일과 전혀 맞지 않는 글, '나보다 필력이 별론데 파워블로거라고?'라고 생각하게끔 만드는 글을 숱하게 만날 것이다. 그러면 그런 것들은 반면교사로 삼고, 당신이 설득당한 글을 모방하면 된다.

'모방은 창조의 어머니'라는 유명한 말이 있다. 이는 결코 복사 & 붙여넣기를 뜻하지 않는다. 모방을 꽉 막혀 시작조차 하지 못하는 글쓰기에 숨통을 트여줄 영감의 원천으로 활용하라는 말이다. 내용을 그대로 복사하는 게 아니라 당신의 글쓰기에 활용할 수 있는 기술적인 부분을 차용하는 것이다. 다른 여러 콘텐츠에서는 주제에 어떻게 접근하는지, 어떤 구조로 이야기를 풀고 있는지, 어떤 용어를 사용하는지 등을 확인하자. 그리고 당신의 시선, 경험을 글에 녹이는 연습을 하면 된다.

모방은 뭔가를 쉽게 시작하는 기술 중 하나다. 나 역시 네이버 블로그 수익화를 제대로 한번 해보겠다고 결심한 이후, 그 당시 IT 테크 분야에서 상위노출이 잘되는 블로그들의 다양한 콘텐츠를 비교하고 분석했었다. 더 잘 쓰고 싶다는 욕심에 책도 읽게 되었다. 그리고 알고리즘과 로직을 공부하며 네이버 검색엔진이 좋아하는 글이 무엇인지 이렇게도 저렇게도 써보다 보니 나만의 글쓰기 색깔을 완성할 수 있었다. 처음부터 내 손으로 모든 것을 완벽하게 하려는 욕심이 시작을 어렵게 만들고 쉽게 포기하게 만든다는 점을 명심하자.

리뷰 콘텐츠를 작성할 때는 상품의 대표적인 특징과 장점, 사양이 자세하게 안내된 상세페이지부터 참고하는 것이 좋다. 하나부터 열까지, 사소한 부분 하나까지 자세하게 작성하는 것이 리뷰어의 미덕인 줄 착각하는 경우가 있다. 내가 그랬었다. 하지만 그런 콘텐츠는 검색 이용자들이 읽다가 지친다. 그리고 분량이 길어지면 어떤 문제가 발생할 수 있는지는 앞서 자세하게 설명했다. 그러니 제조사, 판매사가 강조하는 기능과 사양 위주로 확인하고, 실사용 환경에서 그것들이 어떻게 작용하는지, 사용자에게 어떤 이점을 제공하는지 또는 기대와 다른 아쉬운 점 등을 담백하게 풀어내는 게 좋다.

사양을 언급하는 문단이라 할지라도 그와 관련된 개인적인 의견을 한 문장 정도라도 추가하자. 화장품에 함유된 성분 정보를 나열하며 유해 성분이 없다는 점을 강조해서 '안심하고 사용할 수 있겠다', 심플한 화이트 디자인이 적용되어 '인테리어 소품으로도 활용이 가능할 것 같다' 등을 예로 들 수 있다. 추가로 콘텐츠 기획 단계에서 상세페이지에 안내된 정보들을 제외하고, 예비 구매자들이 궁금해할 만한 것이 뭐가 있을지 생각하는 데 짧은 시간이라도 투자하라. 같은 상품을 소개하는 비슷한 콘텐츠들 속에서 당신의 진정성을 검색 이용자들에게 드러내는 데 도움을 줄 것이다. 이건 차별화 전략으로 효과가 좋다.

그리고 이후 파트 3 수익 모델의 거의 모든 것을 소개한다 챕터에서 소개할 바이럴마케팅 대행사와의 협업 시 대부분 초안 공유, 수정 요청과 확인, 발행 3단계로 일이 진행된다. 이때 수정 요청과 확인 단계에서 당신이 작성한 상품과 서비스의 단점이 통으로 삭제되는 경우가 분명 생길 것이다. 네이버 블로그는 죄다 장점만 언급하는 광고판이라는 선입견을 갖게 한 결정적인 이유가 되겠다. 과거부터 지금까지 대가성 콘텐츠에 무엇이 부족하고 나쁘다고 언급하는 것은 금기시되고 있다. 그리고 경쟁사의 제품과 서비스와 비교해 부족한 점을 언급하는 것 역시 마찬가지다.

그런데 처음부터 끝까지 장점만 나열되어 있고, 마지막에 제품과 제작비 또는 둘 다 받았다는 공정위 문구가 삽입되어 있으면 신뢰도가 급격히 깎인다. 끝까지 읽으면 다행이고 광고글에 거부감을 느끼고 중간에 페이지에서 이탈할 수도 있다. 검색 이용자들은 상세페이지에서는 확인할 수 없는 실사용 환경에서의 사용자 경험을 원한다. 따라서 단점이 있으면 아쉬운 느낌으로 써보자. 나는 주로 '~가 보완되면 더 좋겠다.' '~가 추가되면 만족도가 더 높아질 것 같다' 같은 우회적인 표현을 사용한다.

마지막으로 내가 추천하고 싶은 방법은 블로그 주제와 관련된 기사와 잡지를 틈틈이 보는 것이다. 글쓰기를 풍부하게 만들어줄 어휘력을 높일 수 있다. 특히 기사는 불특정 다수를 위한 대중적인 글이다. 복잡하고 어려운 내용도 독자가 쉽게 이해할 수 있도록 풀어 쓰는 것이 기본이다. 그래서 정확한 정보를 전달하기 위해 독자 입장에서 쓰여진 글이라 배울 점이 많다. 그리고 풍부한 어휘를 접할 수 있다. 일상에서만 사용하던 단어, 표현만으로는 당신이 검색 이용자들에게 말하려는 바를 효과적으로 전달하기 어려울 것이다. 그런데 어휘력을 높이면 글이 풍성해지는 것뿐만 아니라 머릿속에 떠오른 생각을 빠르고 명료하게 글로 옮길 수 있다.

사실 다방면의 독서가 가장 좋지만 배보다 배꼽이 더 커질 수 있어 무작정 책을 읽으라고 권하기 조심스럽다. 대신 빠르게 글쓰기에 익숙해지고 잘 쓰고 싶다면 출퇴근 시간을 비롯해 화장실에서 볼일 보는 시간, 엘리베이터를 기다리는 시간, 라면 물 끓이는 시간 등 자투리 시간을 어휘력 향상에 할애하라.

챗GPT, 노션 AI에서 아이디어 얻기

오픈AI가 개발한 시험용 대화형 인공지능 챗봇인 '챗GPT(ChatGPT)'가 여러 분야에서 주목받고 있다. 딥러닝 기술을 활용한 언어 모델을 사용해 방대한 텍스트 정보를 학습하고 주어진 질문에 답을 한다. 일상적인 대화는 물론이고 기술 문서, 콘텐츠 창작, 번역에 이르기까지 다양한 장르와 스타일의 문장을 자동으로 생성해준다. 비슷한 서비스로 전 세계적으로 인기 있는 메모 앱이자 일정과 프로젝트 관리 도구 중 하나인 노션에서 선보인 '노션 AI'가 있다.

이들의 공통점은 사용자의 질문에 마치 사람이 쓴 것처럼 놀라울 정도로 유창하게 대답한다는 점과 결과물이 생각보다 논리적이고 사실관계가 명확하며, 대화가 이어질수록 충실한 답변을 기대할 수 있다는 점이다. 이를 블로그 글쓰기에 활용하면 더 풍부한 콘텐츠를 만들 수 있다.

예를 들어 '게이밍 의자' 후기를 작성한다고 가정해보자. 서론을 어떻게 시작해야 할지, 어떤 점을 중점적으로 살펴보고 강조해야 할지 도통 감이 오지 않을 것이다. 이때 챗GPT에 '블로그에 올릴 게이밍 의자 후기에 포함되면 좋을 만한 내용을 다섯 항목으로 정리해줘!'라고 요청해보자. 실제로 '디자인' '편리성' '내구성' '기능성' '가격'을 다루면 좋겠다는 답변이 돌아왔다. 이 정보를 활용하면 구성을 잡는 게 한결 수월해진다. 만약 서론에서 계속 시간을 잡아먹고 있다면 이렇게 요구해보는 게 어떨까? '게이밍 의자를 사용하면 좋은 이유를 알려줘!'라고 말이다. 이야기를 풀어갈 아이디어를 얻을 수 있을 것이다. 누구에게나 처음은 있고 첫발을 내딛는 것에 대한 두려움, 어려움이 있다. 그럴 때 챗GPT, 노션 AI를 한번 활용해보길 권한다.

물론 관련 콘텐츠를 작성하는 횟수가 많아질수록 인공지능 챗봇의 도움을 받거나 다른 창작자의 콘텐츠를 참고하지 않아도 머릿속에 아이디어와 구성이 자연스럽게 그려진다. 그런데 성격이 같은 글들은 점점 비슷해진다. 다양성이 빈약해진다. 자기 복제는 글쓰기의 효율을 높여주는 요소지만 다람쥐 쳇바퀴 돌듯 앞으로 나아가거나 발전하지 못하고 제자리걸음만 하게 만들 수도 있다. 따라서 꾸준한 독서가 가장 좋지만 일상에 치여 시간 확보가 어렵다면 인공지능 챗봇이 제시하는 아이디어, 시각을 참고하는 것도 좋은 방법이 될 수 있다.

주변에 챗GPT, 노션 AI가 블로그 글쓰기를 완벽하게 대신하지 않을까 걱정하는 사람이 생각보다 많다. 컴퓨터가 사람을 대신해 콘텐츠를 제작하게 되면 네이버 블로그 수익화에 악영향을 줄 수 있기 때문이다. 걱정할 필요가 없다. 일단 최신성이 매우 떨어진다. GPT-3.5과 GPT-4 언어 모델 기반의 챗GPT는 2021년까지의 데이터를 기반으로 학습했기 때문에 기본적으로 최신 정보를 가지고 있지 않다(2023년 4월 기준). 그리고 결정적으로 사용자 경험을 대신할 수 없다. 네이버, 구글 같은 검색 플랫폼에서 전문성(Expertise), 경험(Experience), 권위성(Authoritativeness), 신뢰성(Trustworthiness)의 약자인 'E-E-A-T' 덕목을 갖춘 콘텐츠를 더욱더 우대할 것이 분명하다("AI 제작 콘텐츠 관련 Google 검색 안내"). 검색 이용자가 필요로 하는 정확한 정보와 더불어 경험이 담긴 개인의 의견이 포함된 콘텐츠를 선호하는 네이버 검색 생태계에서 인공지능 챗봇으로 공장처럼 찍어낸 콘텐츠가 설 자리는 없을 것이다.

CHAPTER
5

유일무이한
이미지와 동영상을
사용하라

네이버가
좋아하는 이미지

이미지는 검색노출 순위와 블로그의 신뢰도에 영향을 주는 요소 중 하나다. 네이버 검색엔진이 각 콘텐츠의 품질을 측정할 때 이미지에도 점수를 매긴다. 그리고 이미지는 스팸필터의 감시 대상이기도 하다. 눈치가 빠르다면 '네이버가 좋아하는 이미지가 따로 있겠구나!' 하는 생각이 번뜩 떠올랐을 것이다. 맞다. 네이버는 '유일한 이미지'를 좋아한다.

제품의 특징이 잘 드러난 사진, 여행의 느낌을 잘 살린 사진, 군침 돌게 만드는 사진 등 검색 이용자에게 실제 도움 되는 이미지를 가장 먼저 언급하지 않은 점이 의아할 수 있다. 물론 '백문불여일견(百聞不如一見)', 백 번 듣는 게 한 번 보는 것보다 못하다는 말이 있다. 이미지 1장이 문장 여러 개보다 더 큰 힘을 발휘할 때가 분명히 있다. 그러나 이제 막 네이버 블로그 수익화에 관심을 두기 시작한 당신에게는 선택 사항에 불과한 이야기다. 따라서 그보다 중요한 것은 중복, 유사 이미지의 위험성을 인지하고 되도록 직접 촬영 또는 제작한 이미지를 사용하려고 노력해야 한다는 점이다.

다른 출처(모든 인터넷 웹사이트)에 올라간 이미지를 그대로 복사

& 붙여넣기 하는 것은 위험하다. 표절, 저작권 문제가 발생할 수 있고 유사 문서로 분류되어 아예 검색노출에서 제외될 수도 있기 때문이다. 네이버는 누군가 이미 사용한 이미지를 그대로 가져와 재활용한 콘텐츠를 유일한 이미지로만 제작한 콘텐츠보다 신뢰하지 않는다. 따라서 다른 출처의 이미지 사용은 불이익을 안고 검색노출 경쟁 출발선에 서는 것과 같다. 물론 이미지보다는 글이 더 중요하기에 그런 불이익을 안고도 소위 '글빨'이라고 불리는 매력적인 글쓰기로 충분히 만회할 수 있다. 그러나 위험하다는 사실을 알고도 굳이 불이익을 감수할 필요는 없다.

이런 이유로 일부 블로그 강의와 책에서는 다른 출처의 이미지를 사용하되 포토스케이프(PhotoScape), 포토샵(Photoshop) 같은 이미지 편집 프로그램에서 밝기를 조절하거나 액자 또는 필터 등 효과를 추가해 유일한 이미지로 만들라고 조언한다. 이로써 중복, 유사 이미지 문제로부터 완전히 자유로워질 수 있다고 말한다. 과연 그럴까? 반은 맞고 반은 틀리다. 이진수(0, 1)로 작동하는 컴퓨터 특성상 밝기 조절, 필터, 액자 같은 효과를 적용하면 원본과 전혀 다른 파일이 되는 것은 맞다. 그런데 네이버는 바보가 아니다. 이미지가 유일한지 아닌지를 단순히 파일 관점에서 판단하지 않는다. 대신 '피처 매칭'(Feature Matching) '히스토그램'(Histogram) 같은 유사도 분석 알고리즘을 사용한다.

우리는 원본과 원본에 효과를 넣은 이미지를 동시에 봤을 때 그 뿌리가 같다는 것을 쉽게 알아챌 수 있다. 네이버 검색엔진도 사람처럼 이미지를 비교, 분석 후 결론을 내린다. '두 이미지는 유사 이미지구나!' 하고 말이다.

　그다음 상황도 마찬가지다. 같은 피사체를 촬영했지만 초점 위치가 조금 다르다. 얼핏 보면 같은 이미지로 보이기도 한다. 이럴 때도 각 콘텐츠 유사도가 높아진다.

◆ 원본과 원본에 효과를 넣은 이미지 비교

◆ 동일한 피사체를 다른 초점에서 촬영한 이미지 비교

물론 네이버는 유사도를 측정하는 데 어떤 도구를 사용하고 있는지, 유사도가 얼마나 높아야 중복 이미지라고 판단하는지 등을 전혀 공개하고 있지 않다. 어뷰징으로 악용될 수 있기 때문이다. 그러나 확실한 건 유일한 이미지를 제외한 모든 이미지는 언제든 표절, 저작권 시비에 휘말릴 수 있고 이에 따라 검색누락이 발생할 수 있다는 점이다. 당연히 이는 블로그 성장에 부정적인 영향을 끼친다. 그리고 중복, 유사 이미지로 검색누락이 잦게 발생하다 보면 모든 블로거가 두려워하는 저품질 현상을 마주하는 최악의 상황이 닥칠 수도 있다. 따라서 건강한 블로그 운영을 위해서는 당신이 직접 촬영하고 제작한 이미지를 사용하는 것이 가장 좋다.

유일한 이미지의 한계

내가 선택한 IT·컴퓨터를 포함한 맛집, 여행, 상품리뷰, 패션·미용 같은 주제는 스마트폰, DSLR과 미러리스 카메라로 직접 이미지를 준비할 수 있기에 다른 출처에 있는 이미지를 그대로 가져와 본문에 삽입할 일이 그리 많지는 않다. 그러나 비즈니스·경제를 포함해 당신이 직접 대상을 촬영하기 어려운 주제, 예를 들면 스타·연예인, 영화, 드라마, 음악, 만화·애니, 방송 등은 본문에 삽입할 유일한 이미지를 준비하기가 매우 어려울 수 있다. 정부의 새로운 부동산 정책을 알기 쉽게 풀어 설명해주기 위해 규제 지역을 직접 방문해 사진을 찍어올 수도 없는 노릇이니 말이다.

따라서 그럴 때는 인터넷에 있는 이미지를 활용할 수밖에 없다. "아니, 유일한 이미지가 아니면 네이버가 싫어한다며 도대체 어쩌란 말인가?" 어쩔 수 없이 다른 출처에서 이미 한 번 사용된 이미지를 재활용해야 한다면 몇 가지 방법으로 유사도를 조금이라도 낮출 필요가 있다.

첫 번째, 미리캔버스(miricanvas.com)로 대표되는 무료 온라인 디자인 플랫폼을 활용해 카드뉴스를 만드는 것이다. 정부의 부동산 정책 발표 자료 일부를 캡처(스크린샷)해서 그대로 또는 필터, 액자를 적용해 사용하는 방식보다, 핵심 데이터에 해당하는 이미지를 카드뉴스에 삽입하고 관련 내용을 간략하게 소개하는 방식이 유사도가 더 낮다. 대신 단점은 카드뉴스 제작에 익숙해질 때까지 품이 많이 든다는 점이다.

두 번째, 스마트폰, 태블릿, 모니터의 화면을 이용하는 것이다. 예를 들면 부동산 정책 자료에 첨부된 그래프를 기기 화면에 확대해서 띄워놓고 그 화면을 카메라로 촬영하는 방법이다. 포토샵을

◆ 기기 화면을 그대로 촬영한 이미지 예시

사용할 줄 안다면 목업(mock-up) 이미지를 만들어 사용해도 좋다. 이 방법은 첫 번째 방법보다 손이 덜 가면서 유사도 문제를 피해갈 수 있지만 이미지 속 내용을 자세하게 확인하기 어렵다는 단점이 있다.

세 번째, 원본 이미지에서 검색 이용자의 이해를 돕기 위해 필요한 부분만 캡처해서 추출하는 것이다. 가장 쉬운 방법이지만 그렇기 때문에 같은 방법으로 이미지를 준비하는 사람이 많다는 위험이 있다. 물론 이렇게 반문하는 사람이 있을 수 있다. "나랑 똑같은 부분을 캡처하는 사람이 없을 수도 있잖아?" 당연히 그럴 수 있다. 당신이 최초 발행자가 될 수 있다. 그런데 그걸 어떻게 확신하는가?

네 번째, 두 번째와 세 번째 방법을 조합하는 것이다. 이는 웹사이트에 안내된 정보를 이미지 형태로 소개해야 할 때 내가 자주 사용하는 방법이다. 이 방법을 사용할 때 가장 중요한 점은 카메라 해상도를 최댓값으로 변경하는 것이다. 그래야만 기기를 촬영한 원본 이미지에서 일부를 캡처해도 그 내용을 선명하게 확인하는 데 불편함이 없다.

◆ 촬영한 기기 화면의 일부를 잘라낸 이미지 예시

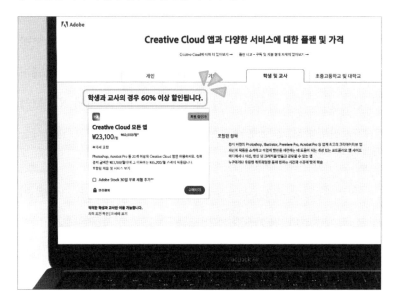

조심해야 하는
네 가지

첫 번째, 유해 이미지다. 네이버는 '유해 게시물 관리 시스템'을 사용해 음란한 이미지, 반사회적 이미지, 도박 등 법률이 금지하고 있는 내용의 이미지가 포함된 콘텐츠가 검색결과에 노출되는 것을 막고 있다. 그 정도가 심하면 개별 콘텐츠뿐만 아니라 블로그에 올라간 모든 콘텐츠가 한순간에 검색결과에서 제외될 수 있다.

이와 관련해서 여행, 패션, 미용 콘텐츠를 만들 때 한 가지 주의해야 할 점이 있다. 노출이 과한 이미지는 되도록 사용하지 않는 것이다. 사람이 봤을 때는 음란성 이미지가 전혀 아니지만 AI 알고리즘은 다르게 판단할 수 있기 때문이다. 실제로 네이버는 유해 게시물 관리 시스템에 사람의 신체 전체나 일부가 이미지에 포함되어 있는지 판별하고, 신체에서 피부가 노출된 정도를 점수로 환산하는 기술인 '스킨 스코어'(Skin Score)를 사용하고 있다.

두 번째, 영상 캡처 시 저작권 위반을 조심해야 한다. 그런데 이게 조금 애매하다. 저작권법 제28조는 "공표된 저작물은 보도·비평·교육·연구 등을 위하여는 정당한 범위 안에서 공정한 관행에 합치되게 이를 인용할 수 있다"고 규정하고 있다. 그래서 뉴스 기사 등

보도를 목적으로 한 매체에서는 저작권자의 허락 없이 영화, 드라마, 애니메이션 장면을 캡처해서 사용해도 문제가 되질 않는다. 반면 네이버 블로그에서는 위법의 소지가 있다. 일단 대부분 보도·비평·교육·연구 목적이 아닌 글감을 확보하고 이로써 방문자수를 높이기 위해서기 때문이다. 그 과정에서 검색 이용자 유입에 따른 광고수익(애드포스트 수익)까지 발생한다.

그런데 네이버에 요즘 인기 있는 드라마를 검색해보면 상위노출이 된 모든 콘텐츠에서 드라마 장면을 캡처해서 활용하고 있는 것을 손쉽게 확인할 수 있다. 이는 저작권법 제35조의3 제1항에서 근거를 찾을 수 있다. "보도·비평·교육·연구 목적에 해당하지 않더라도 저작물의 통상적인 이용 방법과 충돌하지 아니하고 제작자의 정당한 이익을 부당하게 해치지 아니하는 경우"에는 저작물을 활용할 수 있다. 캡처 이미지 사용에 대한 한국저작권보호원의 대답("Q12. 영화나 드라마의 감상평을 작성하여 캡처 화면을 사용하는 것은 저작권 침해가 되나요?")에 따르면 "어떠한 이용이 이러한 저작권침해의 예외에 해당하는지 그 범위는 개별적으로 판단되어야 하지만, 일반적으로 영화나 드라마의 비평 또는 그에 이르지 않는 단순한 감상평이라도 제작사가 홍보 목적으로 직접 배포한 포스터 사진을 사용하거나, 감상을 설명하기 위한 몇 장 이내의 캡처 화면을 사용하는 것은 비교적 문제의 소지가 적다"고 한다.

그러니 드라마, 영화 등 영상을 캡처하되 두 가지만 주의하자. 하나, 핵심 내용을 담은 캡처 이미지를 사용하지 말자. 둘, 사실상 내용 전체를 소개하는 것과 같은 대량의 캡처 이미지를 삽입하지 말자. 통상적인 이용 방법과 충돌하고 원저작물의 시장 가치와 저작권자의 이익을 침해하는 것으로 해석될 수 있기 때문이다. 물론 저작권법은 권리자가 직접 고소를 해야 처벌이 가능한 친고죄에 해당하므로 앞서 언급한 것들을 주의하더라도 권리자가 언제든 문제를 제기할 수 있다.

애정과 관심을 갖고 콘텐츠를 제작하되 비판적인 내용보다는 줄거리, 감상에 도움이 되는 시대적 배경, 등장인물, 갈등 관계 등 비교적 객관적이고 기대감을 주는 내용을 담으면 저작권과 관련해서 큰 문제가 발생하지 않을 것이다. 참고로 본문 또는 이미지에 출처를 밝히는 것만으로는 저작권 위반 문제에서 자유로워질 수 없다.

세 번째, 본문 내용과 무관한 홍보성 문구가 삽입된 이미지를 남발하면 안 된다. 이는 네이버 블로그를 사업의 홍보 수단으로 활용할 때 자주 하는 실수다. 블로그로 유입되고 예비 고객이 될 수 있는 모든 검색 이용자에게 자신의 연락처가 삽입된 이미지를 노출하고 싶은 마음은 어찌 보면 당연하다. 그러나 본문과 관련이 없는 이미지는 정보성이 결여된 단순 광고로 인식될 가능성이 있다. 이는 블로그의 신뢰도에 부정적이다.

대신 글쓰기 관련 챕터 4의 링크 삽입 관련 부분에서 안내했던 블로그 위젯을 활용하는 것이 좋다. 검색 이용자에게 도움이 되고 그들이 신뢰할 수 있는 내용을 제공하는 것이 무엇보다 중요하다. 콘텐츠가 만족스러웠고 추가로 궁금한 내용이 있거나 상담, 의뢰가 필요하다고 느끼면 위젯으로 안내된 연락처를 찾는 수고 정도는 아무렇지 않게 생각할 것이다.

네 번째, 이미지는 다다익선(多多益善)이 아니다. 이번 챕터 서두에서 검색노출 순위를 계산하고 결정하는 데 이미지도 포함된다고 했었다. 그렇다 보니 상위노출을 위해서는 최소 10~20장 이상의 고품질 이미지를 삽입해야 한다는 잘못된 정보가 마치 사실인 것처럼 퍼져 있다.

이는 접근 자체가 틀렸다. 이미지 개수에는 절대적인 기준이 없고 어떤 콘텐츠를 작성하느냐에 따라 매우 유동적이다. 내용과 함

◆ 이미지를 무분별하게 많이 사용한 블로그 예시

께 적재적소에 검색 이용자의 이해를 도울 정도로만 있으면 된다.
내용과 전혀 무관한 고해상도 이미지를 잘못된 카더라 통신을 따

라 오직 개수를 맞추기 위해 삽입했다가는 오히려 콘텐츠의 신뢰도
가 떨어질 수 있으니 주의하자 처음에는 이미지를 몇 개 정도 사용
해야 할지 도통 감을 잡을 수 없을 것이다. 그럴 때는 당신이 작성
하려고 하는 본문의 키워드를 검색했을 때 VIEW 탭 상위에 노출된
콘텐츠를 참고하면 된다.

간단하게 높이는
이미지 품질

32개 모든 주제에 해당하는 것은 아니지만 잘 찍은 사진은 문서의
신뢰도를 높여주고 블로그 수익화 관점에서 광고주에게 당신의 존
재를 적극적으로 드러낼 수 있는 무기가 되기도 한다. 그러나 당장
은 검색 이용자가 계속 읽고 싶은 글을 쓰는 데 모든 역량을 집중하
는 것이 좋다. 이미지 품질은 C-Rank 점수가 어느 정도 쌓이고, 서
브 키워드가 검색결과 상단에 하나둘씩 노출되기 시작한 이후부터
신경 써도 충분하다.

직접 촬영한 사진은 네이버가 좋아하는 유일무이한 이미지에
해당한다. 당장은 세 가지만 신경 써보자. 첫 번째, 빛이 충분한 환

경에서 촬영한다. 두 번째, 피사체가 사진 정중앙에 오도록 구도를 잡는다. 세 번째, 결과물이 흐릿하게 흔들렸으면 다시 찍는다.

당신이 블로그 수익화에 얼마나 진심인지 자신도 알지 못하는 상황에서 이미지 품질에 욕심을 부려 처음부터 값비싼 DSLR, 미러리스 카메라를 구매하는 일이 없길 바란다. 낭비로 이어질 수 있다. 초반에는 스마트폰이면 충분하다. iOS 아이폰, 안드로이드 스마트폰의 기본 카메라 설정을 다음처럼 활성화하면 촬영 구도를 잡는데 도움이 될 것이다.

촬영 구도에 도움 되는 운영체제별 스마트폰 카메라 설정법

- iOS: [설정] → [카메라] → [구성] → [격자] 기능 활성화
- 안드로이드: [카메라 설정] → [수직/수평 안내선] 기능 활성화

대표 이미지는
콘텐츠의 첫인상이다

'썸네일'이라고도 불리는 대표 이미지는 검색결과 페이지에 블로그의 첫머리, 제목과 함께 출력되는 이미지를 말한다. 그리고 카카오

톡 같은 메신저, 웹사이트에 게시물의 URL을 공유할 때도 노출된다. 본문에 삽입된 모든 이미지 중 하나를 선택할 수 있으며, 따로 선택하지 않으면 스마트에디터 ONE에 처음 올린 이미지가 자동으로 설정된다.

대표 이미지로 사용할 이미지를 직접 만들어 등록하는 것이 좋다. 두 가지 이유가 있다. 첫 번째, 네이버 검색 이용자들이 콘텐츠에 유입되기 전에 제목 외 미리 확인할 수 있는 유일한 정보이기 때문이다. 모든 사람이 그런 건 아니겠지만 대표 이미지가 깔끔하면 본문도 정리가 잘되어 있지 않을까 하는 기대를 갖게 된다. '보기 좋은 떡이 먹기도 좋다'는 속담처럼 다른 블로그와 차별화된 대표 이미지를 활용하면 당신의 콘텐츠가 노출 순위가 1위가 아니더라도 기대 이상의 유입을 기대할 수 있다.

두 번째, 콘텐츠에서 다루는 핵심 내용(키워드)을 정확하게 안내할 수 있다. 콘텐츠 제목은 최대한 간결하게 정하는 것이 좋지만, 메인과 N차 키워드로 구성하려다 보면 길이가 길어져 검색결과 페이지에서 또는 URL을 공유할 때 제목의 일부가 잘리는 경우가 종종 있다. 그렇다면 콘텐츠에서 다루는 핵심 내용, 키워드가 포함된 대표 이미지를 사용하는 것이 무조건 좋을까? 나는 아니라고 생각한다. 검색 이용자의 시선을 단번에 사로잡는 매력적인 사진을 대표 이미지로 사용하면 더 효과적일 때가 있다. 상품리뷰, 패션·미용, 맛집 등의 몇몇 분야가 대표적이다. 눈치챘겠지만 가장 좋은 방법은 이 두 가지를 조합하는 것이다. 콘텐츠를 대표하는 멋진 사진을 대표 이미지 배경으로 사용하고, 그 위에 제목을 캡션으로 삽입하면 된다.

대표 이미지를 만드는 방법은 다양하다. 파워포인트, 포토샵, 그림판도 좋지만 개인적으로 앞서 한 번 언급했던 미리캔버스와 캔바(canva.com) 같은 무료 온라인 디자인 플랫폼을 추천한다. 별도의 프로그램 설치 없이 웹브라우저만 있으면 PC뿐만 아니라 모바일에서도 손쉽게 만들 수 있다. 이때 매번 대표 이미지 디자인을 바꿔가며 새로 만들지 말고 당신만의 템플릿을 하나 만들어놓고 내용만 바꾸는 방식으로 재활용해라.

◇ PC에서 보이는 대표 이미지

◇ 모바일에서 보이는 대표 이미지

　　대표 이미지 제작 노하우 몇 가지를 공유한다. 대표 이미지는 PC(6:4 비율)와 모바일(1:1 비율) 검색 환경에 따라 비율이 달라진다. 그런데 플랫폼마다 대표 이미지를 따로 설정할 수 없기 때문에 하나의 비율을 선택해야만 한다. 당신의 블로그에서 내 블로그 통계 탭으로 이동한 뒤 [기기별 분포] 페이지에 나온 값을 참고해서 결정하면 된다. 주제에 따라 다를 수 있겠지만 일반적으로 PC보다 모바일을 사용한 유입 비율이 더 높다. 따라서 1:1 비율의 정사각형 이미지로 만들면 된다. 크기는 $40 \times 40px$ 이상을 만족하면 되지만 적정 크기는 $400 \times 400px$ 또는 $600 \times 600px$이다.

　　여기서 꿀팁이 하나 있다. 정사각형 대표 이미지에 6:4 비율의

◇ 1:1 비율의 대표 이미지 활용법

영역을 지정해 그곳에 내용을 입력하는 것이다. 그럼 PC에서도 대표 이미지의 상단과 하단 일부가 잘릴지언정 제목, 키워드는 모두 노출된다.

동영상은 핵심만 짧게, GIF가 더 나을 수 있다

네이버 블로그에서 동영상은 주인공이 아니다. 글과 이미지로는 설명하기 어려운 내용을 전달해야 할 때만 사용하면 된다. 단순 계산으로 새생 시간만큼 검색 이용자가 블로그에 체류하는 시간이 길어지므로 블로그 지수를 높이는 데 긍정적인 영향을 줄 수 있다고 생각하지만, 이건 영상을 처음부터 끝까지 시청했을 때의 이야기다. 그리고 체류 시간을 늘리기 위해 낚시성 동영상을 모든 콘텐츠에 삽입해서는 안 된다. 본문과 전혀 관련이 없고 재생 시간만 늘려놓은 동영상은 오히려 콘텐츠의 신뢰도를 낮출 수 있다. 그리고 소중한 모바일 데이터가 낚시성 동영상을 재생하는 데 사용된 것에 분노한 검색 이용자에게 서비스 품질 저해 게시물로 신고당할 수도 있다.

또한 네이버 입장에서도 불필요하게 서버 용량을 차지해 정상 운영에 부정적인 영향을 주는 낚시성 동영상은 제재 대상 중 하나다. 네이버 신고센터에서 다음과 같이 밝히고 있다.

서비스 품질 저해 게시물

1) 악의적인 목적 또는 장난성의 의도로 게시글을 반복적으로 작성하여 네이버 서비스의 정상적인 운영에 해를 주는 게시물
2) 서비스 취지에 맞지 않는 내용으로 서비스 품질을 떨어트리는 게시물

따라서 동영상보다 GIF(Graphic Interchange Format, 빠른 이미지

전송을 위한 압축 저장 방식)가 더 효과적일 때가 있다. 글보다 효과적이며 재생 버튼을 누를 필요가 없어서 동영상보다 접근성이 높다는 장점이 있다. 체험단으로 피자 맛집에 방문했다고 가정해보자. 피자 조각을 머리 위까지 들어도 끊어지지 않는 치즈의 모습을 GIF로 콘텐츠에 생생하게 담아내면 검색 이용자뿐만 아니라 광고주도 만족할 것이다. Gif캠(GifCam, 윈도우 프로그램), 이지gif닷컴(ezgif.com) 또는 안드로이드 스마트폰과 아이폰에 있는 기능을 사용하면 무료로 동영상을 GIF로 변환할 수 있다.

PART
3

블로그
수익화
방법

수익 모델의
거의 모든 것을
소개한다

돈이 되니까
하지

옛말에 '우보천리(牛步千里)'라는 말이 있다. 소걸음처럼 느릿느릿 가더라도 반복하기를 멈추지 않으면 결국 천 리 길에 당도할 수 있다는 뜻이다. 그러나 우리의 삶은 회사 업무, 육아, 집안일에 이리저리 치여 마음먹은 게 3일을 못 가서 흐지부지되는 모습을 뜻하는 '작심삼일(作心三日)'에 더 가깝다. 그래서 강력한 동기부여가 필요하다. 그건 바로 수익화 성공 가능성에 대한 믿음과 점점 성장해가는 즐거움이다.

잘 키운 SNS 채널 하나는 뻔한 일상에서 벗어나 새로운 경험을 할 수 있도록 만들고, 당신이 잠자고 있을 때도 월급 외 수익을 벌어준다. 개인 사업에도 활용할 수 있으며, 포트폴리오로 만들어 취업, 이직할 때 도움이 될 수도 있다. 그리고 당신을 괴롭히는 고객사, 직장 상사와 동료에게서 벗어나 작업 공간만 있으면 시간과 장소에 구애받지 않고 일하고 싶을 때 일하고, 일한 만큼 벌 수 있는 디지털 노마드의 삶을 꿈꿀 수 있다.

이번 챕터에서는 당신이 가장 흥미를 가질 만한 네이버 블로그 수익화 방법에 관한 거의 모든 것을 소개한다. 방문자수가 100명이 채 되지 않았던 때부터 대한민국 전체 블로그 순위 3위, IT·인터넷 분야 1위 자리에 오르기까지 긴 시간에 걸쳐 직접 경험한 내용들을 담았다.

블로그 수익화의 기본, 네이버 애드포스트

✳️ 승인 조건

애드포스트는 네이버의 창작 보상 프로그램이다. 네이버는 일정 조건을 만족하는 블로그에 한해 문서에 내용(키워드)과 관련된 광고를 게재할 수 있는 기능을 제공한다. 다만 어뷰징을 막기 위해 두 가지 승인 조건을 제외한 다른 조건들은 명확하게 공개하고 있지 않다.

네이버 애드포스트의 승인 조건

① 블로그를 생성한 지 90일 경과

② 만 19세 이상(개인, 개인 사업자, 영리법인)

그러나 반려 사유들로 그 밖의 대략적인 조건을 예상할 수 있다.

✚ 콘텐츠의 개수

신청일 기준으로 블로그에 올라간 콘텐츠의 개수가 일정 이상이어야 한다. 광고를 게재할 만한 문서를 작성하는 창작자인지 아닌지를 확인하기 위함이다. 따라서 길이가 너무 짧거나 정보성 내용이 아닌 지극히 개인적인 내용만 담고 있는 문서, 예를 들면 일기, 업무 일지, 운동 일지 등의 콘텐츠는 아무리 많아도 소용이 없다. 지금까지 입문자를 대상으로 수익화 강의와 글쓰기 프로젝트를 진행하면서 검토해본 결과, 양질의 문서가 약 30개 정도 쌓이면 첫 번째 조건을 충족하는 것으로 확인되었다.

✚ 콘텐츠의 적합성

콘텐츠의 적합성을 확인한다. 네이버 운영정책에 어긋나는 내용이 담긴 문서가 하나라도 있으면 안 된다. 도박, 대부업, 흥신소, 총기, 마약, 성매매, 불법 의료, 모조품 판매 등이 대표적이다. 여기서 한 가지 중요한 사실을 확인할 수 있다. 바로 네이버가 싫어하는 문서가 있다는 사실과 그 문서를 이유로 제재를 받을 수 있다는 점이다. 애드포스트 승인과는 별개로 운영정책에 어긋나는 주제와 관련된 문서를 작성하는 블로그는 검색노출에서 불이익을 받거나 아예 블로그 이용 자체가 제한될 수 있다는 의미로 해석할 수 있다. 네이버에서는 공식적으로 부정했지만 최적화 블로그라도 특정 문서 때문에 저품질 상태로 언제든 빠질 수 있다는 점을 유념해야 한다.

✚ 방문자수 또는 페이지뷰

일정 수준 이상의 방문자수(UV; Unique View) 또는 페이지뷰(PV; Page View)를 만족해야 한다. 이는 광고매체로서의 효과를 기대할 수 있는 블로그인지 아닌지를 확인하겠다는 의미다. 실제로 애드포스트 미디어 등록 보류 사유 중에 "지난달 기준 블로그의 방문자수, 페이지뷰의 미디어 이용 지표를 심사합니다. 블로그를 활발히 운영하신 뒤 다음 달에 다시 검수를 신청하여 주시기 바랍니다"라는 내용이 가장 많이 등장한다. 여기서 주목할 키워드는 '지난달 기준'과 '활발히' 두 가지다.

애드포스트 검수 신청은 매달 특정 날짜에 모두가 함께 신청하는 방식이 아니다. 언제든 개별적으로 신청할 수 있다. 중요한 점은 신청일을 기준으로 지난달 발행한 콘텐츠들과 그것들로 집계된 방문자수, 페이지뷰가 검수 과정에서 사용된다는 것이다. 따라서 이번 달에 블로그 수익화를 위해 블로그를 생성하고 품질 좋은 문서를 꾸준하게 작성하더라도 애드포스트로 수익을 기대하려면 최소 30일 이상이 지나야 한다.

그렇다면 매일 몇 명의 검색 이용자가 당신의 블로그에 방문해야 하고 페이지뷰는 얼마나 나와야 할까? 정확한 기준은 공개되어 있지 않기에 그 누구도 확실한 답을 제공할 수는 없다. 그럼에도 평균 일 방문자수가 100명 이상을 만족하면 된다는 의견이 절대적이다. 이 의견은 명확한 목표를 제시하고 이를 달성하기 위해 품질 높은 문서를 꾸준하게 작성하도록 독려한다는 점에서는 의미가 있다. 그러나 내가 생각하는 방문자수, 페이지뷰 기준의 핵심은 다음과 같다.

방문자수와 페이지뷰 기준의 핵심
지난달보다 블로그 운영을 얼마나 더 활발하게 했는가?

알고리즘과 로직을 소개하면서 이제 막 네이버 블로그를 시작한 당신이 품질 좋은 문서를 작성하더라도 당장은 블로그 지수(C-Rank 점수) 때문에 검색노출 순위가 기대 이하일 확률이 높다고 했었다. 그런 시스템을 만들어놓은 네이버가 절대적인 방문자수를 애드포스트 승인 기준으로 삼고 있을까? 그렇지 않다. 다른 블로그와 경쟁하는 것이 아니다. 스스로 일정 품질 이상의 문서를 꾸준하게 세 달만 발행하면 된다. 대신 다른 검색 이용자들에게 큰 의미가 없는 콘텐츠(예: 일기 등)를 매일 하나씩 발행하느라 시간을 낭비하기보다는 일주일에 서너 번 정보성 콘텐츠를 신경 써서 발행하는 것이 좋다.

✳ 애드포스트 수익을 높이는 방법

애드포스트는 어떤 방식으로 각 블로그에서 발생한 마케팅 효과를 금액으로 환산해 보상할까? 전통적인 온라인 마케팅 기법 중 하나인 CPC가 사용된다. 당신이 작성한 콘텐츠로 유입된 검색 이용자가 본문 중간에 노출되는 디스플레이 광고, 하단에 노출되는 파워링크 광고를 클릭하면 각 광고에 할당된 광고비가 지급되는 구조다. 이를 간단하게 수식화하면 다음과 같다.

애드포스트의 수익 공식

조회수 중 광고 클릭수×광고 단가

네이버 블로그 수익화의 기본이 되는 애드포스트 수익을 어떻게 하면 조금이라도 더 높일 수 있을까? 당연한 말이지만 하루에 얼마나 많은 검색 이용자가 블로그로 유입되는지에 따라 수익이 달라진다. 광고 클릭수는 콘텐츠마다 조금씩 달라질 수 있지만 전체를 놓고 보면 일정 %로 수렴된다. 애드포스트 약관상 정확한 값을 공개할 수는 없지만 100명이 문서를 보면 2~3명이 클릭할까 말까한다. 따라서 하루에 1,000명이 방문할 때보다 10,000명이 방문할 때가 수익이 훨씬 높다. 이런 까닭에 검색 이용자들이 많이 찾고 궁금해하는 내용으로 콘텐츠를 만드는 것이 블로그 지수 향상뿐만 아니라 애드포스트 수익 극대화에도 큰 도움이 된다.

본문 중간에 게재되는 디스플레이 광고는 네이버가 노출하고 싶은 광고 중 임의로 결정된다. 반면 하단에 있는 파워링크 광고에는 제목과 본문에서 사용한 키워드를 기반으로 한 문맥 타기팅 광고가 적용된다. 쉽게 콘텐츠에서 다루는 키워드와 관련된 광고가 게재된다는 의미다. 그리고 광고비는 키워드마다 다르다. 눈치가 빠른 사람이라면 지금 머릿속으로 광고 단가 자체가 높은 키워드로 콘텐츠를 제작하면 애드포스트 수익을 높일 수 있지 않을까 생각했을 것이다. 맞다. 네이버 파워링크 광고는 경쟁 입찰 방식을 사용하고 있다. 같은 키워드를 놓고 광고주 A와 B가 동시에 광고를 집행하면 더 많은 광고비를 책정한 광고주의 광고가 더 자주, 더 좋은 위치에 노출된다.

그럼 어떤 키워드가 광고 단가가 높을까? 첫 번째, 검색노출 경쟁이 치열한 키워드다. 특정 시점에 검색량이 급증하는 신제품 스마트폰, 연말정산 방법, 항상 검색량이 많은 강남역 맛집, 데이트 코스 등이 대표적인 예다. 두 번째, 마케팅 비용을 아끼지 않는 분야의 키워드다. 대표적으로 금융·재테크, 부동산, 인테리어, 웰빙·건강, 화장품·미용을 꼽을 수 있다. 실제로 IT·인터넷 분야에서 활동하고 있는 나보다 일 방문자수가 훨씬 낮은 경제 블로그의 월 애드포스트 수익이 더 많거나 비슷하다. 이 특징은 파트 2의 주제 관련 챕터에서 다뤘듯이 분야 선택에 고려해야 하는 부분 중 하나다.

2019년 비공개 시범 서비스를 시작으로 지금은 완전히 자리 잡은 네이버 인플루언서 서비스에 관해서는 다음 챕터에서 자세하게 다룰 예정이다. 그전에 먼저 짚고 넘어가야 할 내용은 네이버 인플루언서로 활동하면 광고 단가가 조금 더 비싼 프리미엄 광고를 본문에 게재할 수 있다는 점이다. 이로써 네이버는 'C2E'(Create-to-Earn, 창작자가 콘텐츠를 제작해 수익을 얻는 것) 플랫폼으로의 확실한 입지를 다지고, 크리에이터 이코노미 강화를 위한 일종의 추가 보상 시스템을 운영하며 "네가 네이버 검색 생태계에서 끼치는 영향력이 클수록 우리가 더 많이 보상할게!"라고 말하고 있는 것이다.

가장 쉽게 시작하는 체험단

체험단은 가장 쉽게 접근하고 시작할 수 있는 수익화 방법이다. 재화, 서비스 등을 제공받고 그 대가로 그것에 관한 후기를 작성해 블로그에 올리는 것이다. 음식점부터 시작해서 화장품, 헤어, 숙박, 레저, 공연, 가전제품, 원데이클래스, 온라인 교육 등 정말 다양한 재화와 서비스가 체험단에 포함되어 있다. 일상생활에서 접할 수 있는 거의 모든 것을 체험단으로 만나볼 수 있다.

진행 과정은 간단하다. 신청, 당첨, 체험, 문서 작성과 발행 총 4단계로 이어진다. 간혹 작성한 문서를 블로그에 올리기 전에 광고주 또는 체험단 플랫폼에서 초안을 검토하는 과정이 요구되기도 한다. 정확한 명칭을 사용했는지, 근거 없는 비방이 포함되어 있는지 등을 확인한다. 물론 검토 과정에서 본문 일부를 수정해달라는 요청을 받을 수도 있다.

먼저 무수히 많은 체험단 플랫폼에서 진행하길 원하는 캠페인을 찾아 신청해야 한다. 그럼 플랫폼의 관리자 혹은 재화, 서비스를 제공하는 광고주가 신청자의 블로그를 검토해 광고매체로 적합하다 판단하면 진행이 확정된다. 그 후 각 캠페인에 안내된 미션을 수행하고 후기를 작성해 블로그에 올리면 된다.

규모가 큰 체험단 플랫폼에서는 식기세척기, 공기청정기, 건조기 등 값비싼 가전제품 체험단도 자주 진행한다. 통장 잔고를 직접 높여주는 경우는 많지 않지만, 다양한 소비를 체험단으로 대신할 수 있다는 점에서 체험단은 대표적인 블로그 수익화 모델 중 하나다. 만약 매달 30만 원 정도의 혜택을 네이버 블로그로 누린다면, 대한민국 직장인 평균 연봉상승률보다 훨씬 높은 연봉 상승을 이룬 것이라고 볼 수 있다.

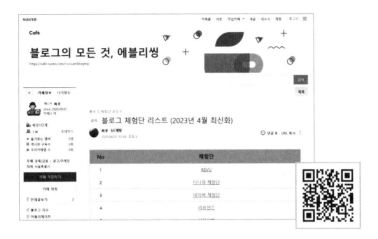

 # 바이럴마케팅 대행사의
의뢰와 운영

탄탄한 머니 파이프라인을 구축하기 위해서는 앞서 소개한 체험단만으로는 부족하다. 통장에 실제 돈이 입금되어야 한다. 이를 위해 대가성 콘텐츠를 제작하는 수익화 방법이 있다. 특정 분야에서 일정 수준 이상의 성장을 이루면 관련된 기업의 마케팅을 대행해주는 회사에서 연락이 온다. 축하한다! 당신이 운영하고 있는 블로그가 특정 분야에서 광고매체로 경쟁력이 있다는 의미다. 체험단과 다르게 먼저 캠페인을 찾아다니지 않고 그들이 보낸 제안서를 검토해보고 진행할지 말지를 결정할 수 있다. 물론 대행사를 거치지 않고 기업에서 직접 의뢰가 오는 경우도 많다.

크게 보면 체험단 활동과 같다. 재화, 서비스를 제공받은 뒤 문서를 작성하고 블로그에 올리면 된다. 당신이 광고로 활용할 만한 품질 좋은 문서를 작성하고 있으며, 이를 눈여겨보고 있는 이들이 하나둘씩 생기고 있다는 사실에 주목해야 한다. 수익은 주제, 작성 난이도, 검색 상위노출 능력 그리고 일 방문자수 등 여러 요소에 따라 달라진다. 적게는 몇만 원부터 많게는 100만 원 이상 책정되는

◆ 바이럴마케팅 대행사의 제안서 예시

XXXX 모기/벌레/해충퇴치기

① 포스팅 컨셉 : 올 여름에 꼭 필요한 강력한 모기/벌레/해충퇴치기로 소개
② 노출 키워드 : 메일 확인
③ 리워드 : 5만 원 상당의 제품 제공 & 원고료 30만 원
④ 프로젝트 진행 일정
    A. ~ 4월 30일 : 가이드 라인 전달 및 제품 배송
    B. ~ 5월 10일 : 초안 전달
    C. ~ 5월 12일 : 초안 컨펌 및 업로드
⑤ 제품 특징 (자세한 정보는 판매 페이지 참고)
    A. 저소음으로 동작하며 몸에 해롭지 않은 모기/벌레/해충퇴치기로 소개
    B. BL램프 특징 언급, 해충 퇴치에 효과적
    C. 한 번 잡은 벌레를 놓치지 않는 글루페이퍼(끈끈이) 위력 언급
⑥ 위 특징을 토대로 실사용 후기, 느낀점 위주로 작성
    A. 짧은 길이의 동작 영상 포함

경우도 있다. 혹은 원고료(제작비) 대신 값비싼 제품, 예를 들면 최신 노트북, 에어컨, 공기청정기, 세탁기, 건조기 등을 받고 진행하는 방식도 있다.

당신이 직접 마케팅 대행사를 운영하는 방법도 있다. 이는 크게 6단계로 진행된다.

직접 마케팅 대행사를 운영하는 방법

① 영업으로 광고주 모집

② 광고주가 상위노출을 원하는 키워드와 관련된 블로그 검색 및 섭외

③ 콘텐츠 초안 검토 및 수정본 전달

④ 정해진 일정에 콘텐츠 발행

⑤ 검색노출 결과 및 마케팅 효율 보고

⑥ 정산 및 약속된 제작비 지급

제안서 작성, 계약, 세금 신고, 블로그 지수 확인, 콘텐츠 품질 확인 등 다루지 않는 내용이 많지만, 특정 주제에서 오랫동안 꾸준하게 활동하면 바이럴마케팅 대행사 운영이 크게 어렵지 않을 것이다. 시스템을 한 번만 구축해놓으면 이익을 얻고 유지하는 데 최소한의 노동력만 필요한 '패시브 인컴(passive income)'에 가까운 N잡 중 하나가 될 수 있다.

기업 대상 영업이 어렵다면 몇 년 전부터 직장인 N잡으로 각광받고 있는 네이버 스마트스토어를 목표로 삼아라. '네이버 D-커머스 리포트 2022'에 따르면 2022년 12월 기준으로 네이버 스마트스토어는 55만 개가 운영되고 있으며, 등록된 상품 개수가 전년 대비 50% 이상 증가했다. 그만큼 예비 광고주가 많다는 의미다.

스마트스토어 매출과 네이버 검색노출은 밀접한 관련이 있다. 그래서 네이버는 스마트스토어 홍보를 원하는 사장을 위해 '사이트검색광고(파워링크)' '쇼핑검색광고(쇼핑검색)' '콘텐츠검색광고(파워콘텐츠)' 세 가지 광고 도구를 제공하고 있다. 그런데 이것들이 경쟁입찰 방식이다. 검색량이 많은 상품 키워드를 상위에 노출하려면 엄청난 CPC 금액을 감당해야 한다. 물론 설정 노하우가 쌓이면 저예산 고효율 광고 집행이 가능하기도 하다. 그러나 광고 클릭이 일어나면 광고비는 무조건 발생하는데, 실제 판매로 전환된다는 보장이 없고 제한적인 문장 위주의 광고라서 많은 양의 정보를 예비 구매자들에게 전달하기 어렵다.

이런 까닭에 초보 사장에게는 여러모로 부담스러울 수 있다. 그래서 판매하고 싶은 상품 관련 키워드를 검색결과 상위에 노출해줄 수 있는 파워블로거에게 생생한 후기 콘텐츠를 의뢰하길 원하는 사람이 많다. 물론 대부분은 파워링크로 대표되는 네이버 검색광고가 스마트스토어 마케팅의 전부라고 생각하는 사람이 훨씬 더 많다. 이들을 당신의 고객으로 만들자.

어필리에이트
마케팅

어필리에이트 마케팅(affiliate marketing, 제휴마케팅)은 기대수익
에 천정이 없는 매력적인 블로그 수익화 방법이다. 나는 이 방법으
로 하루에만 1,000만 원 이상의 수익을 올린 적이 있으며, 지금도
2~3개의 문서로만 매달 100만 원 이상의 수익을 창출하고 있다.
어떤 방식으로 돈이 벌리는 걸까?

누군가 광고를 클릭하고 실제 구매까지 이어지면 광고비가 발
생하는 CPS 방식이 사용된다. 그 흐름을 생생하게 소개하면 다음
과 같다. 네이버 블로그에 이커머스 플랫폼(예: 쿠팡, SSG.COM, 11번
가, 옥션 등)에서 판매하고 있는 제품, 서비스를 소개하는 문서를 올
린다. 문서에는 검색 이용자들이 이커머스 플랫폼에 접속해 구매
할 수 있는 제휴링크(URL)가 포함된다. 그리고 해당 링크를 거쳐 제
품, 서비스가 판매되면 그때 발생하는 수입의 일부가 제휴링크를
생성한 사람에게 지급된다. 쉽게 이커머스 플랫폼의 온라인 홍보를

대신해주고 판매량을 높이는 데 도움을 주는 대가로 소정의 커미션 (commission, 판매 수수료)을 받는다고 이해하면 된다.

CPS 방식은 앞서 살펴봤던 네이버 애드포스트가 사용하고 있는 CPC 방식과 함께 대표적인 인터넷 마케팅 기법 중 하나다. 물론 네이버 블로그 외에도 티스토리, 워드프레스, 인스타그램, 페이스북, 유튜브 등 다양한 SNS 플랫폼에서도 어필리에이트 마케팅을 할 수 있다. 그리고 그 마케팅으로 수익을 창출하는 사람을 어필리에이터라고 부른다. 크게 아마존, 쿠팡, 큐텐(Qoo10)처럼 이커머스 플랫폼 자체에서 독립적으로 운영하는 방식과 이커머스 플랫폼과 제휴를 맺고 이용자들에게 판매 링크를 제공해서 판매 수수료를 지급하는 방식으로 나뉜다.

✳ 쿠팡 파트너스

✛ 요즘 대세, 그 이유는?

'쿠팡스'로도 불리는 쿠팡 파트너스는 '로켓배송'으로 유명한 쿠팡에서 자체 운영하는 어필리에이트 마케팅 프로그램이다. 쿠팡은 네이버 쇼핑과 국내 이커머스 플랫폼 점유율 1위를 놓고 치열한 경쟁을 하고 있다. 최근에 유료 멤버십인 '로켓와우' 가격을 72% 인상

(2022년 6월 10일 기준)했음에도 다양한 서비스를 앞세워 오히려 유료 회원이 470만 명에서 900만 명으로 크게 증가했다.

쿠팡의 성장은 검색 이용자들이 쿠팡이란 플랫폼에서 물건, 서비스를 구매하는 데 거부감을 없애준다. 주변을 둘러보면 식품을 시작으로 뷰티, 가전제품, 인테리어, 패션, 해외 직구, 국내외 여행 상품 등 현대인의 삶에 필요한 거의 모든 것을 쿠팡에서 해결하고 있는 사람들을 쉽게 찾을 수 있다. 이는 네이버 블로그 수익화에 매우 긍정적인 영향을 준다. 그들의 구매 창구를 당신의 제휴링크로 만들 수만 있다면 기대수익은 얼마를 상상하든 그 이상일 것이다.

쿠팡 파트너스는 기본적으로 판매 금액의 3%를 고정 커미션으로 지급하고 있다. 100만 원짜리 가전제품을 1대 판매하면 3만 원(세전)의 수익이 발생하는 것이다. 그리고 누적 판매액, 꾸준한 활동, 등록된 미디어(예: 네이버 블로그, 인스타그램, 유튜브 등) 규모에 따라 5~10%까지 상향될 수 있다. 국내 어필리에이트 마케팅 프로그램 중에서는 커미션율이 높은 편에 속한다. 그리고 쿠팡 파트너스가 매력적인 이유가 하나 더 있다. 어필리에이터가 생성한 제휴링크가 24시간 동안 유효하다는 점이다. 문서 내 삽입된 제휴링크로 검색 이용자들이 쿠팡(PC 웹브라우저, 모바일 앱)에 접속하면, 그 시점부터 24시간 동안은 그들이 쿠팡에서 구매하는 모든 물건이 블로거의 수익으로 잡힌다.

쿠팡 파트너스 가입은 일반 쿠팡 가입과는 별개로 진행된다. 가장 먼저 세금계산서 발행 여부에 따라 두 가지 사업자 유형 중 하나를 선택해야 한다.

쿠팡 파트너스 가입의 두 가지 사업자 유형

- 법인/개인 사업자(세금계산서 O)

  부가세를 포함해 수익금을 정산해 쿠팡 파트너스에서 세금계산서를 역발행한다. 역발행된 세금계산서 승인을 위해 범용 공인인증서가 필요하다.

- 개인/개인 사업자(세금계산서 X)

  수익에서 원천세를 제외한 사업소득을 등록된 계좌로 지급한다. 세금계산서 발행 과정 없이 등록된 계좌로 지급해준다.

마지막으로 쿠팡 파트너스 활동을 진행할 채널을 등록하면 된다. 네이버 블로그 외에도 네이버 카페, 지식iN, 카카오톡 채널, 티스토리, 모바일 앱, 인스타그램, 유튜브 등 다양한 플랫폼을 여러 개 등록할 수 있다. 그렇게 가입이 완료되면 당신에게 할당된 쿠팡 파트너스 아이디를 확인할 수 있고 곧바로 제휴링크까지 생성할 수 있다.

그러나 활동 자체는 가입 직후 바로 시작할 수 있지만, 최종 승인은 누적 판매 금액이 15만 원을 초과해야 하고 일련의 검토 과정을 거쳐 이뤄진다. 겁먹지 않아도 된다. 광고매체로서의 가치를 평가하는 네이버 애드포스트와 다르게 등록된 채널의 약관 위배 여부, 제휴링크를 올바르게 생성하고 사용하는지 등을 검토할 뿐이다.

쿠팡 파트너스의 최종 승인을 반려하는 대표적인 사유

- 활동 채널에서 파트너스 게시물 확인 불가
- 경제적 이해관계 문구 누락, 표시 기준 위배
- 활동 채널에서 약관에 위배되는 행위 발견

활동 채널에 불법 웹사이트(예: 불법 도박, 성매매, 웹하드 등)를 등록해놓은 것이 아니라면 최종 승인이 반려되는 경우는 거의 없다고 봐도 무방하다. 왜냐하면 쿠팡 입장에서는 자사 플랫폼에서 판매하고 있는 상품의 마케팅을 대신해주는 어필리에이터가 많으면 많을수록 매출이 조금이라도 증가할 가능성이 생기니 어찌 보면 당연한 일이다.

➕ 제휴링크

네이버 블로그에 주로 활용되는 방법 몇 가지만 살펴보자. 제휴링크 생성은 쿠팡 파트너스 홈페이지의 상단 메뉴 중 [링크 생성]으로 가능하다. 모바일 앱은 지원하지 않지만 PC뿐만 아니라 스마트폰, 태블릿으로도 웹브라우저에서 로그인과 모든 기능 사용이 가능하다.

제휴링크 생성 방법 세 가지

① [상품 링크]

쿠팡 파트너스 사이트에서 검색어(예: 물티슈, 탄산수)를 입력해 광고할 상품을 찾아 제휴링크를 URL, HTML 두 가지 형태로 생성

· URL: 블로그 본문에 삽입할 때 사용

· HTML: iframe 형태로 블로그 위젯으로 광고할 때 사용

② [간편 링크 만들기]

사용자가 원하는 특정 상품, 키워드 검색결과, 기획전·프로모션 등 쿠팡 페이지의 URL을 제휴링크로 생성(URL 형태만 제공)

③ [배너]

쿠팡 파트너스 사용자의 아이디가 자동으로 적용된 그래픽 이미지, 자바스크립트 태그와 iframe 태그 형태로만 제공해 블로그에는 위젯으로 사용 가능

· 다이나믹 배너: 다양한 상품이 자동 업데이트되며, 배너 타입을 '고객 관심 기반 추천'으로 설정하면 다른 타입보다 더 높은 클릭률을 기대 가능

- 카테고리 배너: 쿠팡, 골드박스, 로켓와우, 로켓직구, 로켓프레시 5가지 카테고리 중 하나를 선택할 수 있으며, 검색 이용자가 클릭 또는 터치 시 자동으로 해당 카테고리 페이지로 이동(여러 개 생성 가능)
- 검색 위젯(네이버 블로그 미지원)

제휴링크는 문서에 하이퍼링크(단어나 기호, 그림 등을 문서 안의 다른 요소나 다른 문서로 연결해놓은 일. 이 부분을 클릭하면 지정된 위치로 이동)로 삽입하는 것이 일반적이고 클릭률도 가장 높다. 내가 시험해본 결과 제휴링크 삽입 위치는 본문 하단보다는 상단이 더 효과적이다. 아이폰, 갤럭시 사전예약처럼 예비 구매자가 많아 높은 수익이 기대되는 콘텐츠에는 클릭률을 극대화하기 위해 본문 상단에 한 번, 하단 한 번씩 총 2개의 제휴링크를 삽입하는 게 좋다. 이때 중요한 점은 똑같은 URL을 삽입하지 않는 것이다.

삼성 윈도우핏 창문형 에어컨을 쿠팡 파트너스로 홍보한다고 가정해보자. 본문 상단에 삽입할 제휴링크는 [상품 링크] 기능에서 정확한 제품명으로 검색해 만들면 된다. 하이퍼링크 이름은 '10% 할인 구매, 빠른 설치 가능한 곳'처럼 클릭하고 싶은 내용으로 설정하는 것이 좋다. 하단에 삽입할 제휴링크는 쿠팡 홈페이지에서 '창문형 에어컨'으로 검색한 결과 페이지 주소(URL)을 복사해 [간편 링크 만들기] 기능에 붙여 넣어서 만들면 된다. 이때 하이퍼링크 이름은 '창문형 에어컨 인기 상품 리스트'처럼 보다 넓은 범위의 내용으로 설정하는 것이 좋다. 이는 클릭률을 높이는 데 도움이 될 뿐만 아니라 검색 이용자들에게 문서의 홍보 상품을 포함해 다른 브랜드의 제품들까지 노출시키는 효과로 이어진다. 반면 네이버 블로그에서 위젯은 효과적이지 않다. 위젯이 PC 웹브라우저에서만 노출되기 때문이다.

네이버 블로그에서 쿠팡 파트너스 활동 시 몇 가지 주의해야 할 점이 있다. 첫 번째, 공정위 심사지침에 따라 쿠팡 파트너스를 목적으로 작성한 콘텐츠에는 경제적 이해관계를 반드시 공개해야 한다. 대가성 문구가 본문과 명확하게 구분되도록 크기와 색상을 다르게 설정해 삽입해야 한다. 나는 별도의 이미지를 만들어 사용하고 있고, 네이버 OGQ마켓에서 구매할 수 있는 블로그 스티커를 사용해 대가성 문구를 삽입할 때도 있다.

경제적 이해관계 문구 예시

이 포스팅은 쿠팡 파트너스 활동의 일환으로, 이에 따른 일정액의 수수료를 제공받습니다.

경제적 이해관계를 표시하지 않거나 의도적으로 불명확하게, 식별이 어렵게 표시하는 경우에는 이용약관에 따라 서비스가 해지

되거나 수익금 지급이 중단될 수 있다. 물론 쿠팡이 각 어필리에이터의 모든 채널을 일일이 살펴보진 않는다. 기술적으로도 불가능하다. 그래서 쿠팡 파트너스는 [신고하기] 기능을 도입해 어필리에이터들이 서로 견제하도록 만들었다. 검색노출이 잘될수록 경쟁자들의 감시 대상이 될 확률이 높다.

두 번째, 쿠팡에서 공식적으로 확인할 수 없는 구매 정보를 추측성으로 작성하면 안 된다. 대표적으로 곧 출시될 전자제품의 사전예약을 꼽을 수 있다. 검색량이 많고 실제 구매로 이어질 확률까지 높아 기대수익이 매우 높다. 몇 시간 만에 직장인의 몇 달치 월급을 수익으로 올릴 수도 있다. 그래서 사전예약이 시작되는 날짜, 시간보다 빠르게 관련 키워드로 문서를 작성해서 발행해놓는 경우가 많다. 앞서 소개했던 쿠팡 파트너스의 매력 포인트 중 하나인 24시간 유지되는 제휴링크의 특성과 네이버 검색에 노출되기까지 일정 시간이 지나야 된다는 점을 고려해 기대수익을 극대화하기 위함이다. 그러나 이는 쿠팡 파트너스 이용약관에 위배되는 행위다.

비공식적인 구매 정보 작성 관련 이용약관

- 이용약관 제7조(회원의 의무)

  10. 쿠팡에 공식적으로 공개되지 않은 프로모션 등을 광고하는 행위

- 이용약관 제15조(이용제한 등)

2. ······ 쿠팡에 공식적으로 공개되지 않은 프로모션 등을 광고하는 경우, 서비스 운영에 악영향을 미치는 경우(예를 들어 반복적 버그 악용 및 자동화된 프로그램을 통한 클릭 발생 등)에는 사전 통지 없이 수익금 지급이 중지되며, 즉시 회원자격 상실 조치를 하거나 직권 해지할 수 있습니다.

하지만 예외적으로 쿠팡과 제조사(예: 삼성전자)와의 사전 합의 후 쿠팡에 공식적으로 공개되지 않은 프로모션, 제품을 광고할 수 있는 경우도 종종 있다. 그럴 때는 관련 내용이 공지사항으로 미리 안내된다. 따라서 관심도가 높다고 무작정 문서를 작성하기보다는 이용약관에 위배되는지부터 꼼꼼히 확인할 필요가 있다.

➕ 저품질 팩트체크

많은 사람이 궁금해하는 내용일 것이다. 블로그 수익화에 관심이 많은 사람이라면 "네이버 블로그로 쿠팡 파트너스 활동을 하면 저품질에 빠지니까 하지마!"라는 말을 어디선가 최소 한 번쯤은 들어봤을 것이다. 반은 맞고 반은 틀리다.

쿠팡 파트너스 제휴링크를 본문에 삽입한다고 해서 무조건 저품질에 빠지는 것은 아니다. 문제가 되는 경우는 명확하다. 오직 제휴마케팅을 목적으로 품질이 낮은 콘텐츠를 하루에도 몇 개씩 반복해서 발행하는 것이다. 검색노출이 되든 말든 아무나 1명만 제휴링크를 클릭하면 된다는 생각으로 접근해서는 안 된다. 최대한 많은 제품을 소개하는 일이 중요한 게 아니다. 검색 이용자들의 구매욕을 자극해 제휴링크를 누르게 만드는 콘텐츠를 작성하는 것이 중요하다. 한마디로 설득력 있는 내용이 중요하다는 뜻이다.

한때 몇몇 유튜브 재테크 채널과 부업 강의, 전자책 등에서 SNS 채널을 활용한 제휴마케팅이 돈이 된다는 정보가 유행처럼 퍼진 적이 있다. 투자 시간 대비 기대수익을 높이기 위해 홍보할 제품 관련 사진과 내용을 상세페이지에서 그대로 가져오거나 실제 구매자들이 남긴 후기를 활용하는 것이 팁이라고 소개했다. 그러나 장기적으로 봤을 때 네이버 블로그에서는 절대 해서는 안 되는 방식이다. 두 가지 이유가 있다.

첫 번째, 앞서 네이버 검색 상위노출과 관련된 알고리즘과 로직을 소개하면서 개인적인 경험과 의견을 문서에 포함하는 것이 중요하다는 내용을 기억하는가? 그 관점에서 봤을 때 복사 & 붙여넣기로 작성된 성의 없는 콘텐츠는 당연히 높은 점수를 받기 어렵다. 게다가 똑같은 방식으로 제휴마케팅을 하는 사람이 있으면 중복 이미지와 내용으로 블로그 지수까지 떨어질 가능성이 있다. NAVER Search & Tech 공식 블로그("앞으로 검색 노출이 점점 어려워지는 게시물 VS. 사용자들과의 접점이 더 많아지는 게시물")에 따르면 검색노출이 어려운 게시글 유형을 다음과 같이 설명하고 있다.

검색노출이 어려운 게시물 유형

· 타인의 상품을 단순 홍보하는 글

　제대로 상품을 사용하지 않고 스치듯 사용한 후기만으로 대부분의 게시글이 구성된 출처는 사용자들의 검색 니즈에 맞지 않아 외면을 받게 되는 경향이 있습니다.

· 비체험 후기 위주의 글

　본인이 실제 체험하지 않은 내용을 체험한 것처럼 올리는 경우 본인이 진심으로 적은 다른 글들까지 오해를 받을 수 있습니다.

　두 번째, 반복적인 제휴링크 삽입은 네이버 검색엔진이 스팸문서로 인식할 가능성이 있다. 네이버가 2018년에 진행한 '블로그 검색 바로알기' 캠페인에서 "반복 사용되는 동일한 링크나 낚시성 대량 링크들은 스팸문서로 분류될 수 있습니다"라고 명확하게 안내했다. 그리고 쿠팡 파트너스 활동만을 위한 스팸성 블로그가 급격히 많아지기 시작한 2020년에는 NAVER Search & Tech 공식 블로그("[1탄] VIEW/블로그/카페/포스트 통합검색 노출 관련해 자주 묻는 질문들의 상세한 답변을 공유드립니다")에 아래와 같은 내용을 공지했다.

검색에서 자동 제외되는 게시글 유형

UGC 검색에서 지향하는 경험/의견/리뷰 문서가 아니며, 사용자들이 보고 싶어 하지 않는 단순 체험단 홍보나 반복적인 상품 나열 링크는 검색에서 자동 제외될 수 있습니다. 예를 들어, 상품에 대한 진성 체험 없이 특정 쇼핑몰의 링크만 반복적으로 제공하는 경우 검색에서 자동으로 노출 제외됩니다.

그럼 이렇게 두 가지만 경계하면 네이버 블로그로 쿠팡 파트너스를 하는 데 아무런 문제가 없을까? 아니다. 검색누락 문제가 있다.

✚ 검색누락을 최소화하는 방법들

상품을 직접 체험해보고 검색 이용자, 예비 구매자에게 도움이 되는 진짜 후기가 담긴 콘텐츠라 할지라도, 쿠팡 파트너스 직링크(예: link.coupang.com/a/xx0Xx)가 본문에 삽입되어 있으면 발행 후 일정 시간(나는 발행일 기준 2~3일) 뒤에 검색결과에서 없어지는 문제가 생길 수 있다. 물론 일반 콘텐츠에서도 검색누락이 발생하는 경우가 종종 있다. 그러나 그 확률은 매우 낮다. 반면 쿠팡 제휴링크가 삽입된 콘텐츠는 제목 그대로 검색해도 노출이 되지 않는 죽은 콘텐츠가 될 확률이 훨씬 높다.

정확한 사실관계를 확인하기 위해 2022년 한 해 동안 블로그에 올린 모든 쿠팡 파트너스 콘텐츠를 분석했다. 그 결과 직링크는 무려 57%, 직링크를 비틀리(bitly.com) 같은 URL 단축 서비스로 변환한 경우에는 37.5%로 네이버 검색결과에서 누락되었음을 확인했다. 반면 여러 URL을 하나의 웹페이지에 모아놓고 클릭을 유도하는 랜딩페이지 방식과 티스토리, 구글 블로그 등 다른 웹사이트를 한 번 경유한 뒤에 자동으로 상품 페이지로 이동하게 만드는 HTML 리디렉션 방식은 5% 미만으로 누락 확률이 매우 낮았다.

이로써 본문의 URL 삽입 방식에 따라서 우리가 공들여 작성한 콘텐츠가 검색누락에 빠질 수 있다는 사실을 확인할 수 있다. 특정 블로그에서 일어난 현상을 전체로 확대해 해석하기에는 조심스럽지만, 네이버 블로그로 쿠팡 파트너스 활동을 활발하게 하고 있는 다수의 파워블로거도 동일한 경험을 겪고 있다는 점에서 절대 허무맹랑한 주장이 아니다.

그리고 내가 URL 삽입 방식이 검색누락의 원인이 될 수 있음을 의심하는 이유가 또 있다. 쿠팡 파트너스 직링크, 단축 URL이 삽입된 콘텐츠가 네이버 검색결과에서 누락되었음이 확인되면 본문을 그대로 복사해놓고 누락된 게시물을 삭제한다. 그리고 일정 기간(최소 2주) 뒤에 콘텐츠를 다시 발행한다. 이때 제목, 내용, 이미지, 동영상, 태그는 그대로지만 쿠팡 파트너스 제휴링크만 직링크, 단축 URL에서 랜딩페이지 또는 HTML 리디렉션으로 바꾼다.

그러면 본문에 삽입한 링크를 제외하면 99.9% 같은 콘텐츠임에도 검색누락이 발생하지 않는다. 이런 방식으로 2022년 한 해 동안 본문에 직링크를 삽입해 검색에서 누락된 콘텐츠들을 되살렸다. 만약 내용 자체에 문제가 있었다면 똑같이 검색누락이 발생했어야 한다. 물론 이 역시도 표본이 적기 때문에 100% 신뢰할 수는 없다. 그렇지만 언젠가 나와 같은 문제를 겪게 되거나 이미 겪고 있는 사람에게는 지금부터 공유하는 방법이 도움이 될 것이다. 제휴마케팅 콘텐츠가 검색누락에 빠질 확률을 대폭 낮출 수 있는 방법 세 가지를 소개한다.

1) 랜딩페이지

랜딩페이지는 특정 목적을 가진 웹페이지를 의미한다. 제휴마케팅에서는 각 플랫폼에서 생성한 링크를 검색 이용자들이 클릭하도록 유도하는 URL를 한데 모아놓은 페이지로 활용된다. 깔끔한 디자인의 랜딩페이지를 무료로 제작할 수 있는 링크트리(linktr.ee)가 대표적으로 사용된다. 다음 사진을 보면 쉽게 이해될 것이다. 당신이 블로그 콘텐츠에서 소개한 제품을 포함해 큰 폭의 할인이 적용되어 구매욕을 자극하는 비슷한 상품들을 웹페이지 하나에 모두 담을 수 있다는 장점이 있다.

앞서 특정 주소만 반복적으로 사용하면 스팸문서로 분류될 가능성이 있다고 했다. 그래서 네이버 카페를 개설해 게시물을 하나 만들고 그걸 랜딩페이지처럼 활용하면 좋다. 물론 기타 네이버 블로그, 티스토리, 워드프레스 등도 번갈아 활용해도 된다.

그러나 랜딩페이지에는 단점이 하나 있다. 검색 이용자들이 블로그 콘텐츠에 삽입된 URL을 클릭해 랜딩페이지까지는 접속하더라도 실제 쿠팡 수익을 기대할 수 있는 링크를 클릭하지 않고 뒤로가기, 즉 랜딩페이지에서 이탈할 수 있다. 앞서 다양한 제휴마케팅 중 쿠팡 파트너스가 매력적인 이유로 24시간 유지되는 수익 링크

◆ 링크트리를 활용한 랜딩페이지 예시

시스템을 꼽았었다. 따라서 검색 이용자들이 당신의 수익 링크를 클릭해 쿠팡으로 접속하게 만드는 것이 가장 중요하다. 그렇기에 이탈률이 높은 랜딩페이지는 실제 수익으로 이어질 확률이 다른 방식들보다 상대적으로 낮다.

"그래서 랜딩페이지를 사용하라는 거야, 말라는 거야?" 내 대답은 '예스'다. 두 가지 이유가 있다. 첫 번째, 하나의 문서에서 다양한 상품을 소개하는 콘텐츠에 적합하다. TS, 쿤달, 나드, 닥터포헤어 등 다양한 회사가 만든 샴푸의 장단점을 비교하면서 자연스럽게 구매를 유도하는 콘텐츠를 제작했다고 가정해보자. 샴푸 개수만큼의 수익 링크를 하나의 콘텐츠에 대량으로 넣는 것은 블로그 지수

◆ 네이버 카페를 활용한 랜딩페이지 예시

모바일 디바이스 할인 정보 ›

삼성전자 플래그십 태블릿, 갤럭시탭S8 시리즈 할인

카페마스터
2022.11.01. 12.23 조회 750

댓글 0   URL 복사   ⋮

삼성전자 갤럭시탭 S8 시리즈
(쿠팡 WoW 회원 기준 최저가)

갤럭시탭 S8 일반 Wi-Fi

갤럭시탭 S8 일반 Wi-F + 5G

★★★ 갤럭시탭 S8 플러스 Wi-Fi ★★★

갤럭시탭 S8 플러스 Wi-Fi + 5G

갤럭시탭 S8 울트라 Wi-Fi

갤럭시탭 S8 울트라 Wi-Fi + 5G

블로그 수익화 방법   PART 3

에 부정적인 영향을 준다. 이럴 때 본문에는 랜딩페이지 URL만 삽입하고, 랜딩페이지에 각 샴푸의 구매 페이지로 이동할 수 있는 쿠팡 파트너스 직링크를 나열해서 등록하면 된다.

2) HTML 리디렉션(리다이렉트)

HTML 리디렉션은 쉽게 다른 인터넷 주소로 이동하게 만드는 기능이다. 이 역할을 수행하기 위해서는 HTML 편집이 가능한 경유 사이트가 하나 필요하다. 선택지는 많다. 그중 일반인이 접근하기 쉬운 플랫폼으로 티스토리, 구글 블로그, 깃허브(github.com) 블로그가 있다. 경유 사이트는 다양하면 다양할수록 좋다. 그 이유는 수차례 언급했듯이 네이버 블로그에 같은 도메인을 반복적으로 사용하면 블로그 지수가 낮아지고, 심할 경우에는 스팸문서를 발행하는 블로그로 낙인찍혀 저품질에 빠질 수 있기 때문이다.

전체적인 과정은 다음과 같다. 네이버 블로그에 발행할 쿠팡 파트너스 콘텐츠에는 HTML 리디렉션을 수행하는 경유 사이트에 올라가 있는 게시물 주소를 삽입한다. 네이버 검색으로 당신이 발행한 상품 소개 콘텐츠를 접하고 관심이 생긴 누군가가 경유 사이트의 게시물로 이동하는 링크를 클릭할 것이다. 그럼 해당 게시물에 삽입된 HTML 리디렉션 코드가 자동으로 실행되면서 1초 뒤에 쿠팡 수익 링크에 해당하는 상품 페이지로 이동된다.

랜딩페이지와 다르게 검색 이용자들이 URL을 한 번 더 클릭해야 하는 액션이 필요 없기 때문에 상대적으로 이탈률이 낮다. 약 1초 가량의 대기 시간이 있지만 눈 깜짝할 사이에 이뤄지기 때문에 검색 이용자들은 곧장 쿠팡 사이트 또는 모바일 앱이 실행된다고 생각한다. 자세한 HTML 리디렉션 설정법은 다음 QR코드로 확인할 수 있다.

주의사항이 하나 있다. HTML 리디렉션을 위한 게시물이 네이버, 다음, 구글 같은 포털사이트에 노출되면 안 된다. 쿠팡 파트너

◇ **HTML 리디렉션을 활용한 쿠팡 상품 페이지 접속 과정**

네이버 블로그
HTML 리디렉션 기능이 실행되는 웹페이지 URL 삽입

↓

HTML 리디렉션 페이지
1초 뒤에 자동으로 쿠팡 수익 링크로 이동되는 HTML 코드 실행

↓

쿠팡 상품 페이지
24시간 수익 링크가 유지될 동안 검색 이용자가 구매하는 모든 상품에 대한 수익 발생

스 이용제한 16조에 따르면 웹사이트와 모바일에서 사용자의 액션과 무관하게 쿠팡 사이트 또는 모바일 앱이 자동 실행되는 경우를 '자동실행 광고'라고 하고 이를 금지하고 있다. 그럼 네이버 블로그 콘텐츠에 HTML 리디렉션을 활용해도 괜찮을까? 자동실행 광고에 해당하지 않을까? 사용해도 된다. 검색 이용자의 필요에 따른 액션(유입)이 선행되기 때문이다. 뇌피셜이 아니다. 내가 직접 쿠팡 파트너스 측에 문의해 문제가 없음을 확인했다. 따라서 검색엔진들이 HTML 리디렉션 코드가 삽입된 웹페이지 정보를 수집하는 것만 막으면 된다.

만약 당신의 블로그가 성장을 거듭해 쿠팡 파트너스 수익을 극

◆ 쿠팡 상품 페이지로 연결되는 HTML 리디렉션 설정법

대화하길 원한다면, 워드프레스 웹호스팅과 도메인을 연결해 활용 가능한 경유 사이트를 2~3개 정도 만드는 것이 좋다.

3) 이미지 하이퍼링크

제휴링크 클릭과 상품 구매를 유도하기 위해 본문에 '할인' '최저가' 등의 키워드를 삽입하는 사람이 많다. 콘텐츠를 발행하는 시점에는 인터넷 최저가가 맞을지 몰라도 쿠팡의 할인율은 수시로 변경되기 때문에 최종 구매가는 언제든 바뀔 수 있다. 따라서 이는 허위·과대 광고 행위로 분류될 수 있다. 우리가 직접 판매하는 것은 아니지만 구매를 유도하는 제휴마케팅 역시 조심할 필요가 있다.

물론 경쟁력 있는 가격을 강조하는 게 구매욕을 자극하는 가장 좋은 방법이다. 그러나 가격에 너무 초점을 맞추면 마냥 광고글처럼 보이기 십상이다. 예비 구매자에게 도움이 되는 알찬 정보를 먼저 전달해 신뢰도를 높인 다음 가격은 강력하게 한 번만 언급해도 충분하다. 그리고 본문에 '최저가' '역대급 할인' 같은 키워드를 사

◇ 이미지 하이퍼링크 예시

용하기보다는 위 사진처럼 이미지로 '얼마나 저렴하길래?' 하는 호기심을 유발하는 방법을 사용해보길 권한다. 여기에 하이퍼링크까지 걸어놓으면 된다. 그리고 2023년 9월 기준으로 이미지 하이퍼링크와 HTML 리디렉션을 조합한 방식이 유일하게 쿠팡 파트너스 콘텐츠 누락으로부터 완전히 자유롭다.

국내 이커머스 플랫폼 1등 자리를 놓고 치열하게 경쟁 중인 네이버와 쿠팡의 관계를 생각하면 문제를 야기할 소지가 있는 일들을 최대한 멀리하는 게 쿠팡 파트너스 활동에 도움이 될 것이다.

♣ 입문자를 위한 조언

대부분이 이제 막 네이버 블로그 수익화에 관심을 두기 시작했을 것이다. 어떤 주제를 선택해야 할지 아직 결정하지 못했을지도 모른다. 그런데도 하루빨리 월급 외 의미 있는 수익을 창출하고 싶을 것이다. 기대수익의 천정이 없는 쿠팡 파트너스의 존재를 아예 모르면 모를까 앞으로 블로그를 운영하면서 눈에 자꾸 밟힐 수밖에 없다. 그러나 당장은 블로그 지수(C-Rank 점수)를 높이고 품질 높은 콘텐츠를 발행하는 데 집중하는 것이 무엇보다 중요하다. 물론 그 과정에서 한 번씩 전략적으로 이용해보는 것은 괜찮다. 하지만 그마저도 서브 키워드를 하나둘씩 검색결과에 노출할 수 있는 수준까지 성장했을 때 의미가 있다.

❋ 링크프라이스

링크프라이스(linkprice.com)는 2000년 5월에 설립된 국내 제휴마케팅 플랫폼으로 가장 오랜 역사를 지니고 있다. 온라인에서 제품을 판매하거나 유·무료 회원가입 이후 자체적인 마케팅을 진행하려고 하는 사이트를 대신해 어필리에이터들에게 제휴링크를 제공하고, 이로써 발생한 매출액의 일부를 가져간다.

활동 방법은 쿠팡 파트너스와 같다. 네이버 블로그에 홍보할 제품, 서비스를 찾아 제휴링크를 생성한 뒤 문서를 작성하고 발행하면 된다.

➕ 장점

장점은 명확하다. 바로 홍보 가능한 대상이 훨씬 다양하다는 점이다. 쿠팡처럼 자체 어필리에이트 마케팅 시스템을 보유하고 있지 않은 국내 이커머스 플랫폼들(예: G마켓, 11번가, 옥션, 롯데하이마트, 홈플러스 등)이 머천트(제휴마케팅을 원하는 브랜드)로 등록되어 있으며, 아이허브, 아고다, 애플, 다이슨, 라코스테 등 해외 판매하고 있는 제품, 서비스를 대상으로 제휴마케팅을 할 수 있다.

➕ 단점

일단 판매 수수료율이 낮다. 쿠팡 파트너스의 기본 판매 수수료율은 3%인 데 반해 링크프라이스에 머천트로 등록되어 있는 국내 이커머스 플랫폼은 평균 1%가 채 되지 않는다.

◇ 링크프라이스의 머천트별 최대 판매 수수료율 ◇

쇼핑몰	최대 판매 수수료율
롯데하이마트	1.44%
G마켓	0.6%
옥션	0.6%
롯데ON	2.1%
이마트(SSG.COM)	1%
홈플러스	1.4%
GS SHOP	1.6%
풀무원	7%
동아제약 디몰	5.6%
호텔스닷컴	4.2%
익스피디아	3.5%
트립닷컴	3.85%
알리익스프레스	6.3%

총 142개 머천트(2022년 10월 기준)

그리고 제휴링크를 클릭했을 때 24시간 동안 수익 발생이 유지되는 쿠팡 파트너스와 다르게 링크프라이스 제휴링크는 클릭 후 바로 주문으로 이어지지 않으면 수익으로 연결될 확률이 매우 낮다. 소비자들에게 인지도가 높은 11번가, G마켓 그리고 옥션 같은 경우에는 [바로가기 ON]이라는 기능으로 할인쿠폰 발급 등 혜택을 차등적으로 제공하고 있다. 문제는 링크프라이스에서 생성한 제휴 링크를 클릭하면 [바로가기 ON]이 기본적으로 비활성화된다는 것이다. 그러면 가격 경쟁력이 낮아져 실제 구매로 이어지지 않을 확률이 매우 높다.

✳️ 기타

그 밖에 어필리에이트 마케팅 시스템을 운영하고 있는 이커머스 플랫폼이 굉장히 많다. 그중 최근 인테리어와 관련된 모든 서비스를 온라인으로 제공하고 있는 '오늘의집(ohou.se)'에 주목할 필요가 있다. 제2의 쿠팡, 그러니까 더 이상 인테리어 한 가지 분야에만 집중하지 않고 종합 이커머스 플랫폼으로 성장하기 위해 굉장히 공격적인 온라인 마케팅을 펼치고 있다. 개인 SNS 채널의 영향력에 따라 이웃, 우수, 프로 총 세 가지 등급으로 나눠 각 판매 금액의 1%, 2%, 3%를 수수료로 제공한다. 그리고 과거의 쿠팡 파트너스처럼 신규 어필리에이터의 활동을 독려하기 위해 판매 수수료율을 높여

◆ '오늘의집' 큐레이터 서비스의 등급별 수수료율

오늘의집　커뮤니티　쇼핑　이사/시공/수리　　🔍 통합검색　　🔖 🔔 🛒 👤 글쓰기 ∨

2022년 11월 30일 업데이트됨
수수료율

수수료율 산출방식
등급별 수수료율 + 구매전환 상품의 카테고리별 수수료율
* 제공 수수료율은 오늘의집 필요에 의해 변경될 수 있습니다.

등급별 수수료율

등급	기본	이벤트
이웃	1%	0%
우수	2%	+1%
프로	3%	+2%

주는 이벤트를 자주 진행하고 있다.

　오늘의집 큐레이터 활동 승인을 받았다면 주기적으로 진행되는 '오시즌위크' 할인 이벤트 기간을 노려보길 권한다. 기본 할인에 매일 선착순으로 제공되는 특별 할인쿠폰까지 적용하면 네이버 최저가보다 저렴하게 구매할 수 있는 제품이 많기 때문이다. 가격 경쟁력이 충분하기 때문에 블로그 콘텐츠로의 유입이 실제 구매로 이어질 확률이 높다.

　다음은 어필리에이트 마케팅 시스템을 운영하는 이커머스 플랫폼과 관련 주소를 정리한 것이다.

어필리에이트 마케팅 시스템을 운영하는 이커머스 플랫폼

- 오늘의집: ohou.se/curator/intro

- 아마존: affiliate-program.amazon.com

- 이베이: partnernetwork.ebay.com

- 큐텐: qoo10.com/gmkt.inc/Special/Special.aspx?sid=98700

- 알리익스프레스: portals.aliexpress.com

- 아이허브: secure.iherb.com/rewards/info/rewards-program

- 텐핑: tenping.kr

- 애드픽: adpick.co.kr

- 케이케이데이: https://kkpartners.kkday.com/ko

존재감을 높이는
서포터즈

서포터즈는 특정 기업의 제품, 서비스, 이벤트, ESG 경영 등을 검색 이용자에게 소개할 목적으로 운영된다. 네이버 블로그 수익화에 도움이 될 뿐만 아니라 당신이 활동하고 있는 주제에서 존재감을 더욱 높이고 영향력을 한층 더 발휘할 수 있는 좋은 기회가 될 수 있다. 물론 그만큼 경쟁률이 높다.

서포터즈 활동은 앞서 소개했던 바이럴마케팅 대행사와의 협업 방식과 매우 흡사하게 진행된다. 실제로 기업, 브랜드에서 직접 서포터즈를 운영하는 경우는 많지 않고 마케팅 대행사를 활용하는 것이 일반적이다. 기업에서 원하는 키워드, 내용으로 콘텐츠 초안을 제작한 뒤 확인과 수정을 거쳐 블로그에 올리면 된다. 나는 지금 이 책을 쓰고 있는 시점에 국내 LG U+ 서포터즈로 활동하고 있다. 다른 창작자들보다 신제품, 신규 서비스를 먼저 체험하고 소개할 수 있어 방문자수를 높이는 데 긍정적이며, 월세처럼 매달 고정적인 유가성 콘텐츠를 제작할 수 있어 좋다.

셀러가 되고 싶다면
블로그 마켓으로

네이버 블로그를 활용해 온라인 셀러로 활동할 수 있다. 판매하려는 상품을 등록하고 구매를 유도하는 콘텐츠를 제작한다. 예비 구매자들의 문의에 답하고 구매가 이뤄지면 상품을 발송한다. 문제가 생겼을 때 교환, 환불 등 고객 서비스도 포함이다. 큰 틀에서 보면 네이버 스마트스토어와 다를 바 없다. 그러면 그것과 비교해서 무슨 장점이 있을까?

결제수단 수수료는 네이버 스마트스토어와 같지만 매출 연동 수수료 2%가 발생하지 않는다는 점에 주목할 필요가 있다. 이는 블로그 마켓 콘텐츠가 VIEW 탭에 노출되기 때문이다. '가을 코디'라는 키워드로 발행한 콘텐츠가 상위노출이 되었다고 가정해보자. 이때 해당 키워드로 찾아 들어온 검색 이용자는 가을 옷과 함께 착용할 액세서리를 구매할 의향이 있을 확률이 높다. 이때 구매욕을 자극하는 매력적인 상품 사진과 내용에 더해 블로그에서 바로 구매까지 할 수 있다면 어떨까?

물론 이 장점은 이제 막 블로그를 운영하기 시작한 사람에게는 그리 매력적으로 느껴지지 않는다. 오히려 그들에게는 판매 상품이 네이버 쇼핑에 자동으로 노출되도록 연동 설정을 하고, 실제로 판매가 이뤄졌을 때 수수료를 지불하는 것이 더 효과적일 수 있다.

반면 VIEW 탭 상위노출에 유리한 최적화 블로그를 운영하고 있다면 주제와 관련된 상품을 직접 홍보해 스마트스토어에서 판매할 때보다 높은 수익을 낼 수 있다. 상품 등록, 관리, 상담, 주문 알림, 배송 추적, 교환·반품, 정산 등 쇼핑몰 운영에 필요한 모든 기능을 이용하면서 마케팅 비용을 아낄 수 있으니 말이다. 그리고 블로그 이웃들에게 블로그 마켓에 등록한 상품이 수시로 노출되는 추가 홍보 효과도 누릴 수 있다. 실제로 SNS 공구(공동구매)가 활발한 패션, 인테리어 분야에서는 블로그 마켓의 인기가 굉장히 뜨겁다. 잘 키운 블로그가 나만의 쇼핑몰이 될 수 있다.

원고 단순 발행도
도움이 될까?

원고 단순 발행은 가장 쉽지만 기대수익이 낮고 가장 위험한 블로그 수익화 방법이다. 대행사 또는 실행사라고 불리는 업체에서 당신이 아닌 다른 누군가가 이미 작성해놓은 문서를 블로그에 그대로 올리는 작업을 의미한다. 짧은 시간에 적게는 5,000원, 많게는 10만 원 이상의 원고료를 받을 수 있지만, 이는 블로그 저품질로 빠지는 가장 빠른 지름길이다.

파트 2의 모두가 좋아하는 글은 이렇게 탄생한다 챕터에서 소개한 좋은 글쓰기 기준에 위배되는 유사 내용, 이미지가 문제가 될 확률이 높고, 스스로 작성한 문서가 아니기에 D.I.A. 로직에서 강조하는 창작자의 경험 면에서도 적합하지 않다. 본문을 일부 수정하고 이미지에 필터를 적용하는 등 중복 문제를 최소화하는 몇 가지 방법이 있지만, 결국 열에 아홉은 문서 제목 그대로 검색해도 노출되지 않는 상황에 빠지게 된다. 그런데 생각보다 많은 사람이 눈앞에 있는, 쉽게 먹을 수 있는 작은 떡에 눈이 멀어 그동안 소중하게 키운 블로그의 목숨을 담보로 원고 단순 발행을 진행하고 있다. 이것은 복리의 마법을 깨버리는 가장 위험한 적이다.

CHAPTER
2

모든 블로거는
네이버
인플루언서를
꿈꾼다

수익화 블로그의 최종 목표

네이버 인플루언서란 20개 주제로 활동하는 전문 창작자를 의미한다. 국내 검색엔진 점유율 62.91%로 1위를 유지하고 있는 네이버지만, 유튜브, 인스타그램, 틱톡 등 다른 SNS 플랫폼이 매해 성장을 거듭하면서 예전과 같은 독점 수준의 점유율을 더 이상 유지할 수 없게 되었다. 게다가 오랫동안 창작자 대우가 매우 박했던 까닭에 양질의 콘텐츠를 풍성하게 채워줄 사람 수가 점차 줄어들기 시작했다.

이를 해결하기 위해 신규 블로거 유입과 통합 SNS 플랫폼으로의 확장을 위해 만든 것이 바로 네이버 인플루언서 시스템이다. 이것의 핵심은 '키워드 챌린지' '인플루언서 순위' '추가 광고 혜택' 그리고 '추가 수익 창출 기회'다. 수익을 목표로 블로그를 운영할 예정이라면 좋든 싫든 특정 주제의 인플루언서로 활동하면서 순위를 높이는 것이 중요하다. 블로그 수익화에 네이버 인플루언서는 어떤 의미가 있을까?

첫 번째, 키워드 챌린지는 기존 VIEW 탭의 상위노출을 일부 대신하는 서비스다. 각 주제와 관련된 키워드로 콘텐츠를 작성하고 키워드 챌린지에 등록하면 자동으로 순위가 매겨진다. 1위부터 3위까지 PC, 모바일 환경의 검색결과 첫 페이지에 노출된다. 네이버는 콘텐츠의 주제와 적합성, 키워드에 대한 전문성 그리고 사용자 피드백을 고려해 순위를 매기는 알고리즘을 사용한다고 밝히고 있다. 그러나 이런 것들보다 인플루언서 순위가 결정적인 영향을 준다.

모든 것이 명확하지 않았던 네이버 검색노출 시스템에 높은 확률로 상위노출 할 수 있는 길이 생겼다. 물론 키워드 범위가 키워드 챌린지에 등록된 주제, 내용과 관련된 것들로 제한되지만 앞으로 더 많은 키워드를 꾸준하게 추가할 것이라고 네이버가 공식적으로 안내하고 있다. 이 책에서 소개하는 수익 모델 대부분이 키워드 검색량에 비례해 기대수익이 결정된다는 점을 생각하면, 네이버 인플루언서 시스템이 폐지되지 않는 이상 모든 블로거의 목표는 각 주제에서 1등이 되는 것이 당연하다.

두 번째, 프리미엄 광고 시스템이다. 각 주제에서 일정 순위 안에 포함된 인플루언서는 애드포스트의 단가가 크게 상향된다. 그리고 순위가 높지 않더라도 모든 인플루언서가 운영하는 네이버 블로그에는 본문 중간, 하단 외 최상단에 노출되는 헤드뷰 광고가 자동으로 달린다. 또한 인플루언서 홈페이지, 토픽 발행물 그리고 키워드 챌린지 페이지에도 추가로 광고 배너가 등록된다. 티스토리처럼

블로거가 원하는 위치에 원하는 개수만큼 CPC, CPA 광고를 등록할 수 없는 네이버 블로그이기에 프리미엄 광고 시스템은 기대수익을 조금이라도 높이는 데 도움을 준다.

인플루언서 시스템이 막 출시되고 활동하는 사람이 많지 않을 때는 프리미엄 광고가 적용된 애드포스트만으로 매달 300만~400만 원의 수익이 발생했었다(IT테크 분야, 일 방문자수 2만 기준). 그러나 인플루언서 숫자가 점점 증가하면서 지금은 절반 수준으로 크게 줄었다. 물론 지금도 키워드 검색량이 많고 광고 단가가 높은 주제의 1위 인플루언서는 매달 직장인 월급의 몇 배를 벌고 있다.

세 번째, 자신이 원하는 브랜드 캠페인을 직접 선택해 신청할 수 있는 '브랜드커넥트' 서비스를 이용할 수 있다. 인플루언서는 네이버가 제공하는 신뢰도 높은 제휴 도구를 가지고 다양한 브랜드와 협업해 추가 수익을 창출할 수 있는 기회를 얻을 수 있다. '브랜

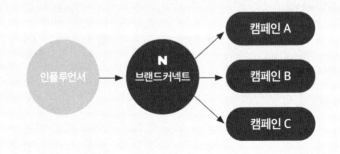

출처: 네이버 인플루언서

디드 콘텐츠' 서비스가 대표적이다. 쉽게 앞서 수익 모델 관련 챕터 1에서 소개한 체험단 플랫폼 역할을 네이버가 하는 것으로 이해하면 된다. 모집 주제, 진행 조건(판매 기간, 판매 수수료, 콘텐츠 발행 조건 등)을 확인하고 신청하면 된다. 또는 브랜드사(광고주)에서 먼저 제안이 오는 경우도 있다.

그리고 네이버 인플루언서에게 더 많은 경제적 혜택을 주기 위해 2023년 3월에 본격적으로 출시한 '공동구매' 서비스가 있다. 광고주 대신 상품 홍보와 판매를 진행해주고 상품 판매 수익의 일부를 수수료로 받는 커머스 연계 제휴 서비스다. 네이버는 공동구매를 계획하고 있는 광고주에게 주제별 인플루언서들의 정보를 제공한다(비공개 설정 가능).

네이버가 광고주에게 제공하는 인플루언서의 정보

- 주제별 순위, 채널 영향력, 팬 수, 블로그 누적·일 평균 방문 횟수

- 블로그 지표 하이라이트와 조회수 그래프

- 방문자의 성별·연령별 그래프

- 희망 제휴 단가

광고주는 그중에서 회사의 상품을 효과적으로 홍보해줄 수 있는 인플루언서를 선택하고 공동구매를 제안할 수 있다. 제안받은 인플루언서는 진행 조건을 보고 수락하거나 거절하면 된다. 실제 판매는 해당 광고주의 네이버 스마트스토어에서 이뤄지므로 인플루

언서는 상품 발송, 배송, 반품, Q&A 등을 일체 신경 쓸 필요 없다.

공동구매 특성상 상품 판매가가 정가보다 훨씬 저렴한 가격으로 책정되기에 관련 키워드로 검색 상위노출에 성공하면 기대수익이 생각보다 높을 것으로 예상한다. 물론 판매 현황은 브랜드커넥트 페이지에서 실시간으로 투명하게 확인이 가능하다.

자격 조건과
신청 방법

네이버 블로그를 운영하는 전문 창작자라면 누구나 인플루언서에 지원할 수 있다. 그런데 여기서 '전문 창작자'라는 조건이 하나 붙어 있다. 그 여부를 판단하는 심사 과정이 있는데, '네가 우리(네이버) 검색 생태계에 양질의 콘텐츠를 꾸준하게 제공할 수 있는 사람인지 확인 좀 해볼게!'라는 의미다. 주제 전문성을 가지고 꾸준하게 좋은 콘텐츠를 제작하는 창작자! 어디서 많이 본 익숙한 문장이다. 그렇다. C-Rank 점수와 뜻하는 바가 비슷하다. 아니, 사실상 C-Rank 점수가 어느 정도 쌓인 블로거만 인플루언서에 신청할 수 있다고 해석할 수 있다.

조건이 하나 더 있다. 심사 기준 중 주제 전문성이 포함되어 있으므로 기존에 활동하던 주제로만 신청이 가능하다. [내 블로그 주제]에 설정된 주제가 기준이 되지만 블로그에 이미 발행된 콘텐츠들의 주제도 중요하다. 예를 들면 블로그 주제로 '여행'을 설정해놨지만 실제 블로그에 올라간 대부분의 콘텐츠가 '육아'와 관련된다면 심사에서 탈락할 확률이 매우 높다.

무분별한 심사 신청을 막기 위해 2회 이상 지원한 경우, 마지막

지원일로부터 30일이 지난 뒤에 다시 지원할 수 있도록 해뒀다. 이는 심사 기준이 되는 '주제 전문성' '꾸준함'의 변화가 단기간에 크지 않기 때문이다. 한마디로 30일 더 지켜볼 테니 성장해서 오라는 의미다.

현재 네이버 인플루언서의 활동 주제는 총 20개다. 아쉽게도 기존 32개의 블로그 주제에서 20개를 제외한 나머지 12개 주제로 블로그를 운영하고 있으면 인플루언서 신청 자체가 불가능하다. 따라서 네이버 블로그 수익화를 목표로 블로그를 시작하려는 사람은 처음부터 인플루언서로 신청이 가능한 주제를 선택해 블로그 운영을 시작하는 것이 좋다.

◆ 네이버 인플루언서의 주제 ◆

여행	패션	뷰티	푸드
IT테크	자동차	리빙	육아
생활건강	게임	동물·펫	운동·레저
프로스포츠	방송·연예	대중음악	영화
공연·전시	도서	경제·비즈니스	어학·교육
총 20개			

출처: 네이버 인플루언서

블로그 수익화 방법 ◆ PART 3

네이버 인플루언서가 당장 당신과 관련 없는 내용이라고 생각하면 절대 안 된다. 물론 인플루언서가 되지 않고도 네이버 블로그로 월급 외 수익을 만들 수 있다. 그러나 같은 시간을 투자해 더 큰 수익을 기대할 수 있는 확실한 방법이 있는데 그걸 활용하지 않을 이유는 전혀 없다.

그리고 겁먹지 말자. 네이버가 인플루언서라고 지칭하는 '전문 창작자'는 절대 거창하지 않다. 앞서 강조했지만 여기서 '전문'이라는 표현은 국가·민간 자격증이 있거나 관련 직종에 종사하는 사람만을 의미하지 않는다. 하나의 주제와 관련된 양질의 콘텐츠를 꾸준하게 제작하는 사람이다.

'서당 개 3년이면 풍월을 읊는다'라는 속담과 '1만 시간의 법칙'을 한 번씩은 들어봤을 것이다. 이 책에서 안내한 정보를 바탕으로 한 가지 주제로 된 양질의 콘텐츠를 꾸준하게 발행해보자. 그러면 1년, 아니 6개월 만에 당신도 네이버가 말하는 전문 창작자가 될 수 있다고 확신한다.

인플루언서 순위를
빠르게 높이는 방법

이번 내용은 이미 인플루언서로 활동하고 있는 사람을 위한 조언이다. 2022년 10월 기준으로 IT테크 분야의 인플루언서는 총 650명이다. 앞서 인플루언서 콘텐츠의 검색결과 순위는 주제와 키워드에 대한 전문성, 콘텐츠 적합성, 사용자 피드백 등을 반영해 결정된다고 했다. 그러나 실제로는 인플루언서 순위가 알파이자 오메가다. 순위가 절대적인 영향을 미친다는 의미다. 누구나 완벽하다고 손뼉칠 만한 콘텐츠를 제작해 키워드 챌린지에 등록하더라도 당신보다 순위가 높은 인플루언서가 등록한 낮은 품질의 콘텐츠에 검색결과 순위가 100% 밀린다. 이렇다 보니 콘텐츠 품질을 조금이라도 높이기 위해 노력하기보다는 순위를 결정짓는 누적 조회수를 늘리는 데집중하는 인플루언서가 많다. 이에 대해 허심탄회하게 나의 생각을 공유한다.

✳ 순위를 위한 콘텐츠 제작

지금까지 소개한 다양한 수익화 방법과 관련된 콘텐츠를 제작하는 것과는 별개로 미래를 위해 당신이 선택한 주제의 키워드 챌린지 목록에 포함된 키워드 관련 콘텐츠를 꾸준하게 제작해야 한다. 이때 처음부터 검색량이 많은 키워드를 공략하기보다는 월 검색량이 4,000~5,000회 미만 키워드를 선택하는 것이 좋다. 투자 시간 대비 조회수가 낮은 키워드는 순위가 높은 인플루언서 입장에서는 그리 매력적으로 느껴지지 않아 그들에게 순위를 뺏길 확률이 훨씬 낮기 때문이다.

체험단, 바이럴마케팅 대행사의 의뢰처럼 수익이 발생하지 않아 귀찮다고 생각하면 절대 안 된다. 네이버의 최근 행보를 보면 VIEW 탭의 비중을 점점 줄이고 있다. 그리고 그 자리를 키워드 챌린지와 스마트블록이 대신하고 있다. 언젠가 VIEW 탭이 완전히 사라지는 날이 오지 않을까 조심스레 예상해본다.

✳ 질 vs. 양

그런데 없는 시간을 쪼개가며 블로그를 운영하는 데 당장 돈이 되지 않는 콘텐츠를 꾸준하게 제작하는 일은 여간 힘든 일이 아니다. 그래서 인플루언서 순위를 높이고 유지하기 위한 콘텐츠는 어느 정도 힘을 빼고 작성할 필요가 있다. 특히 사진과 동영상을 준비하는 데 너무 많은 시간을 쏟지 않는 것이 좋다. 몇 시간이고 공들여 작성한 콘텐츠가 당신보다 순위가 높다는 이유 하나로, 누가 봐도 성의 없는 콘텐츠보다 검색 순위가 낮거나 몇 시간 뒤에 금방 밀려버리면 허탈함에 새로운 콘텐츠를 제작할 의욕 자체를 잃어버릴 수있기 때문이다. 따라서 앞서 언급했듯이 이제 막 네이버 인플루언서로 활동을 시작했다면 월간 검색량이 많지 않아 경쟁이 치열하지않은 키워드 위주로 콘텐츠를 제작해 챌린지에 최대한 많이 참여하는 것이 바람직하다.

✳ 범람하는 중복 콘텐츠, 괜찮을까?

특정 주제(예: 경제, IT테크, 뷰티)의 최상위 인플루언서 대부분이 중복 콘텐츠를 발행하고 있다. 반복해서 다룰 만한 키워드, 내용이 아니어도 한 달에 한 번씩 주기적으로 콘텐츠를 제작한다. 물론 내용과 이미지는 항상 비슷하며 심지어 문단 순서를 바꾸거나 문장 몇개만 수정하는 경우도 있다.

도대체 왜 그럴까? 눈치챘겠지만 해당 키워드 챌린지의 조회수가 잘 나오기 때문이다. 검색 이용자들이 많이 찾는 키워드라는 의미다. 이는 인플루언서 순위를 높이고 유지하는 데 절대적인 영향을 준다. 그래서 경쟁자들로 노출 순위가 내려가면 비슷한 콘텐츠를 제작해 새로 등록하는 것이다.

이런 현상이 꽤 오랫동안 지속되었고 여전히 진행 중이다. 그래서 후발주자인 순위가 낮은 수많은 인플루언서가 네이버에 건의를 했고 네이버가 조치를 취했다. 하나의 키워드 챌린지에 등록된 콘텐츠들 사이의 유사성을 분석해 문제가 있는 인플루언서에게 페널티를 주겠다는 것이다. 네이버 인플루언서 서비스 운영정책("참여 방식의 정당성")에 분명히 고지하고 있다.

비정상적 키워드 챌린지 참여 방식의 예시

- 타인의 콘텐츠를 복사, 발췌하여 단순 재구성한 중복 콘텐츠로 참여
- 이미 참여한 콘텐츠 내용의 전부 또는 일부를 복사해서 콘텐츠를 재생산하거나, 편집, 가공한 콘텐츠로 참여
- 대가성 상품 또는 서비스, 혜택 등을 걸어 팬을 유도하는 행위가 포함된 콘텐츠로 참여
- 단순 링크를 중심으로 구성된 콘텐츠로 참여

그런데 문제는 이미 참여한 콘텐츠를 키워드 챌린지에서 제외(취소)하고 새로운 콘텐츠를 등록하면 그만이라는 것이다. 당연히 최상위 인플루언서는 새로운 운영정책이 공지된 이후로 매달 비슷한 콘텐츠를 재생산하지만, 앞서 언급한 방법을 사용해 그 어떤 제재도 받지 않고 활동하고 있다.

이쯤에서 이런 생각이 자연스레 들 수 있다. '그러면 모든 인플루언서가 똑같은 방법으로 순위를 올리고 유지하면 되지 않나?' 그러나 한 가지 때문에 망설여진다. 네이버가 그동안 C-Rank, D.I.A., D.I.A.+ 등 검색 상위노출을 결정하는 데 사용되는 알고리즘과 로직을 소개하면서 언급한 품질 좋은 콘텐츠, 건강한 블로그 운영 방법과는 거리가 멀다는 점이다. 쉽게 중복 콘텐츠 때문에 VIEW 탭을 포함한 통합검색 탭에서조차 콘텐츠가 노출되지 않는 현상, 저품질에 빠질 수 있다는 의미다.

그러면 최상위 인플루언서들은 그런 위험이 있음에도 재생산 콘텐츠를 꾸준하게 발행하는 이유가 뭘까? 알고리즘과 로직이 선호하는 품질 좋은 콘텐츠를 제작해도 상위노출이 된다는 보장이 없는 VIEW 탭 대신, 인플루언서 순위만 높으면 상대적으로 품질이 낮은 문서로도 확실히 상위노출이 가능한 키워드 챌린지를 선택하기 때문이다. 또는 이미 VIEW 탭에서는 제목 그대로 검색해도 노출되지 않는 저품질 현상에 걸려 더는 잃을 게 없는 블로그라서 그럴 수도 있다.

그들을 욕하고 손가락질하는 것은 실로 바보 같은 행동이다. 어찌 보면 지금은 오히려 그들이 현명한 것일 수도 있다. 네이버가 만든 허술한 시스템이 그들에게는 새로운 기회가 되었고 그걸 적극적으로 활용해 노력했을 뿐이다. 나도 VIEW 탭으로 대표되는 기존 검색 생태계가 사라지거나 블로그 자체가 저품질에 빠진다면 아마 그들과 똑같이 활동하지 않을까 싶다.

"그래서 같은 키워드, 주제로 키워드 챌린지 콘텐츠를 재생산하라는 거야, 말라는 거야?" 각 분야의 인플루언서 순위 50위까지는 한 번도 참여하지 않은 키워드 챌린지 콘텐츠 위주로 공략해야 한다. 당장 쓸 키워드가 널리고 널렸는데 굳이 순위 높은 인플루언서들이 주시하고 있는 조회수 높은 것들을 여러 번에 걸쳐 재생산할 필요가 전혀 없다. 경쟁다운 경쟁을 할 수 있는 순위까지 빠르게 올린 다음 그때 다시 어떻게 활동할지 고민하는 것이 현명하다.

✳ 스마트블록이 키포인트가 될 수 있다

이 책의 집필이 마무리되고 있는 2023년 2월, 스마트블록이 빠른 속도로 활성화되고 있다. 심지어 검색결과 페이지에서 여러 문제로 잡음이 끊이질 않았던 키워드 챌린지 탭보다 스마트블록 탭으로 더 높은 위치에 노출되는 키워드가 부쩍 늘었다. 여기에 어떤 의미가 있을까?

현재 인플루언서 키워드 챌린지에 등록한 키워드가 1~3위에 노출되지 않더라도 스마트블록에 노출되어 검색 유입이 발생하면 키워드 챌린지 조회수로 집계되는 경우가 있다. 이는 기존과 다르게 인플루언서 순위가 낮더라도 키워드 챌린지에 등록된 키워드 중 검색량이 많은 것으로 상위노출이 가능해진다는 의미다. 따라서 네이버 인플루언서 순위를 빠르게 높이고 싶다면 키워드 챌린지 탭과 스마트블록 탭에 동시에 노출되는 키워드 위주로 콘텐츠를 만드는 것이 좋다.

PART
4

블로그 운영의 추가 정보

블로그
운영에
도움 되는 것들

통계 자료 활용하기

❋ 블로그 통계

네이버는 블로그와 관련한 다양한 통계 자료를 제공하고 있다. 크게 일간 현황, 방문 분석, 사용자 분석, 순위 네 가지 탭으로 나뉜다. 통계 자료 분석은 해당 블로그에 따라 활용 가능한 정보의 종류와 기준 값이 달라진다. 따라서 내용이 방대해 모든 것을 다루기는 어렵다. 여기서는 공통적으로 유효한 자료만 언급하겠다.

◆ 네이버의 블로그 통계 ◆

일간 현황	조회수, 방문횟수, 조회수 순위, 유입 경로, 성별·연령별 분포
방문 분석	조회수, 순방문자수, 방문횟수, 평균 방문횟수, 재방문율, 평균 사용 시간
사용자 분석	유입분석, 시간대 분석, 성별·연령별 분포, 기기별 분포, 이웃 방문 현황, 이웃 증감수, 이웃 증감 분석, 국가별 분포
순위	조회수 순위, 공감수 순위, 댓글수 순위

출처: 네이버 블로그

첫 번째, 방문 분석 탭에 있는 [평균 사용 시간]을 주기적으로 확인해야 한다. 해당 값은 이 책에서 여러 번 언급했던 체류 시간을 의미한다. 전체, 피이웃, 서로이웃, 기타 네 가지 범위로 제공되는데, 그중 [기타] 항목이 키워드 검색으로 당신의 블로그에 유입된 네이버 이용자들의 체류 시간이다.

몇몇 블로그 강의, 책에서는 해당 값이 특정 시간(4~5분)을 만족해야 블로그 지수가 좋아진다고 강조한다. 잘못된 정보다. 체류 시간은 주제, 키워드에 따라 천차만별이다. 이걸 무시하고 무작정 체류 시간을 특정 시간대로 맞추려고 하면 D.I.A. 로직의 부작용처럼 글이 불필요하게 늘어질 수 있다. 그럼 오히려 역효과가 난다. 타이머를 켜고 최근에 발행한 콘텐츠들 중 몇 개를 하나씩 처음부터 끝까지 눈으로 읽어보자. 그때 걸리는 시간을 계산해 평균값을 내보자. 그 값이 [평균 사용 시간]과 비슷하다면 당신은 지금 읽기 좋은, 몰입감 높은, 계속 읽고 싶은 글을 쓰고 있는 것이다.

두 번째, 사용자 분석 탭에서 [기기별 분포]를 참고해 콘텐츠에 사용할 이미지를 모니터에 최적화할지, 모바일 화면에 최적화할지 선택하면 된다. 쉽게 이해가 되지 않을 것이다. 예를 하나 들어보자. 코스피에 상장된 어느 기업의 재무제표를 분석하는 콘텐츠를 PC로 제작했다고 가정해보자. 모니터에서는 잘 보였던 이미지 속 글이 스마트폰에서는 몇 번을 확대해도 잘 보이지 않을 수 있다. 그런데 통계를 살펴보니 당신의 블로그를 방문하는 검색 이용자의 대부분이 모바일을 사용하고 있었던 것이다. 그중 몇 명이나 '잘 보이지도 않는 이미지는 왜 넣어놨어?' 하면서 뒤로가기 버튼을 눌렀을까? 분명 무시해도 좋을 정도로 적지는 않을 것이다. 창작자 입장이 아닌 검색 이용자 입장에서 보기 좋은 콘텐츠를 만들자.

✳ 크리에이터 어드바이저

크리에이터 어드바이저(Creator Advisor)는 네이버 계정으로 생성한 블로그, 포스트, 네이버 TV, 인플루언서 총 네 가지 서비스를 분석해서 통계를 내주는 기능이다. 블로그 통계는 앞서 소개한 내용과 차이가 없다. 여기서 우리가 참고할 만한 정보는 유입이 많은 검색어를 주제별로 최대 20개까지 확인할 수 있는 트렌드 탭에서 제공하는 [주제별 인기유입검색어]다. 전날 하루 동안 네이버 이용자들이 찾은 검색어(키워드)를 32개 주제로 분류한 뒤 검색량 기준으로 1위부터 20위까지 순위를 안내해준다. 순위가 높을수록 노출 경쟁이 심하지만 검색결과 상위에 등록되면 방문자수를 큰 폭으로 늘릴 수 있다.

스마트블록이 본격적으로 활성화되고 있기 때문에 '블로그 지수가 낮은 나랑은 관련이 없는 내용이네!'라고 생각하면 안 된다. 당신이 선택한 주제의 20가지 키워드를 하나씩 검색해보자. 그중 기존 VIEW 탭이 아닌 스마트블록 탭으로 노출이 되는 게 분명 있을 것이다. 그것들을 서브, N차 키워드로 잡고 관련 내용이 담긴 콘텐츠를 제작하라. 이전에 자세하게 다룬 스마트블록 내용을 정독했다면 "왜?"라고 반문하지 않을 것이다. 그리고 [주제별 인기유입검색어]는 글감을 찾는 용도로도 유용하다.

수익화 대시보드

콘텐츠 제작 시간과 보상 정보를 기록하는 것이 습관, 동기부여, 꾸준함 세 가지 측면에 긍정적인 영향을 미칠 수 있다. 그리고 먼 미래에 나처럼 회사에서 퇴사하고 전업 블로거의 길을 걸을까 말까 고민할 때 선택을 도와주는 지표가 될 수도 있다. 나는 네이버 블로그로 벌어드린 총수익을 블로그 운영에 쏟은 시간으로 나눈 값을 '블로그 시급'이라고 부르고, 이를 구글 스프레드시트로 만든 대시보드를 사용해 관리하고 있다. 보상(이용한 서비스, 제공받은 제품, 지급된 원고료)과 시간을 기재하면 월, 연 단위 블로그 시급이 자동으로 계산된다. 체험단, 바이럴마케팅 대행사의 보상뿐만 아니라 매

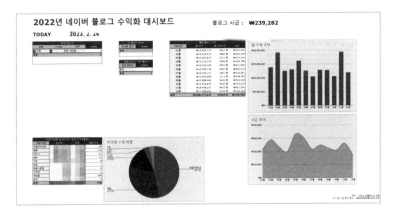

달 발생하는 애드포스트, 쿠팡 파트너스 수익 같은 광고수익과 블로그 지수를 높이기 위해 제작한 정보성 콘텐츠도 대시보드에 기록해 블로그 시급의 정확도를 높이는 것이 핵심이다.

이제 막 블로그를 시작했다면 몇 달 동안은 정보성 콘텐츠만 올릴 확률이 높기에 블로그 시급이 0원에서 변화가 없을 것이다. 그러나 내가 만든 대시보드를 지금부터 사용하면 좋은 이유가 몇 가지 있다.

첫 번째, 스케줄러로 활용할 수 있다. 콘텐츠 제작 마감일을 입력해놓으면 남은 기간을 디데이(D-Day)로 안내해준다. 그리고 의뢰처, 콘텐츠 타입과 주제(키워드) 그리고 제작비 입금 여부를 직관적으로 확인할 수 있게 만들었다.

만약 원고 초안 공유일 또는 발행일이 예정일보다 늦으면 페널티 카운트가 1씩 증가한다. 다양한 블로그 수익화 방법 중 광고주에게 대가를 받는 것들은 정해진 일정을 지키는 것이 무엇보다 중요하다. 자주 지각하거나 납기를 툭하면 어기는 직원을 회사에서 좋은 시선으로 바라보는가? 그런 직원은 평판뿐만 아니라 연말 평가에서도 등급이 낮을 게 분명하다. 체험단 플랫폼, 바이럴마케팅 대행사 역시 마찬가지다. 일정 연기를 밥 먹듯이 하는 블로거들은 블랙리스트에 등록해놓는 곳이 대부분이다. 그리고 검색노출이 아무리 잘되더라도 일을 주지 않는다. 그런 맥락에서 누구의 확인도 받지 않는 정보성 콘텐츠를 제작하더라도 스스로 일정을 잡고 진행하는 것은 여러모로 도움이 된다.

두 번째, 당신이 하나의 콘텐츠를 블로그에 올리기까지 시간이 얼마나 걸렸는지 확인할 수 있다. 네이버 블로그는 훌륭한 머니 파이프라인 중 하나지만 기본적으로 블로그 운영에 시간을 꾸준히 할애해야만 수익이 발생한다. 따라서 수익을 극대화하기 위해서는 블로그의 가치를 높여 더 많은 대가를 받거나, 콘텐츠를 만드는 시간을 줄여 노동 시간당 수익을 높여야 한다.

하루아침에 블로그 지수를 높일 수는 없지만 콘텐츠 제작 시간을 줄이는 노력은 지금부터 가능하다. 이를 위해서는 무작정 컴퓨터 앞에 앉아 에디터부터 실행하지 말고 먼저 1) 메인, 서브 키워드 선정과 제목 정하기, 2) 자료 조사와 사진, 동영상 준비, 3) 본문 쓰기, 4) 탈고와 발행 등으로 작업을 세분화하는 것이 좋다. 물론 작업 간의 연속성을 유지할 필요는 없다. 출근길에 오늘 어떤 키워드로 글을 쓸지 검토해서 결정하고, 일과 시간에 틈틈이 자료를 조사하고, 퇴근길에 초안을 작성하고, 집에 돌아와 본문에 삽입할 이미지를 준비해서 초안에 살을 보탠 다음 마무리해도 된다. 핵심은 각 단계에서 소요된 시간을 측정해 총합을 기록해놓는 것이다.

그리고 그 시간을 어떻게 하면 조금이라도 더 줄일 수 있을까 항상 고민해야 한다. 더 이상 줄일 수 없겠다는 생각이 들 때 그날의 작업 과정을 당신만의 콘텐츠 제작 템플릿으로 만들자. 하나의 주제로 꾸준하게 활동하다 보면 비슷한 주제, 키워드, 내용을 자주 다루게 된다. 따라서 글쓰기 스타일, 인사이트를 얻는 사이트, 키워드 분석 플랫폼, 이미지와 동영상 편집 프로그램, 저작권 걱정 없이 사용할 수 있는 이미지 공유 사이트 등 콘텐츠 제작에 매번 사용되고 필요한 것들을 어느 정도 정형화해놓으면 생산성을 높일 수 있을 것이다. 시간이 지나면 자연스레 체득되겠지만 머니 파이프라인 구축을 위해 블로그에 쏟는 시간을 시각화해놓으면 시간의 경제적 가치에 대한 감각도 빠르게 기를 수 있다. 시간이 돈처럼 소중하게 느껴지기 시작하면 글쓰기를 포함해서 뭔가를 할 때 망설이거나 주저하지 않고 적극적으로 행동하게 될 것이다.

세 번째, 콘텐츠를 제작할 때마다 대시보드에 한 줄씩 추가되는 기록들이 당신의 삶을 더 의미 있게 만들 수 있다. 일정은 작은 목표와도 같다. 삶의 의미를 찾지 못하는 현대인에게 정신과 전문의들이 입을 모아 추천하는 게 있다. 작은 성취감을 반복적으로 경험하라는 것이다. 성취감은 뇌의 도파민 분비를 촉진하며 도파민은 몰입과 집중력 향상에 도움을 준다.

네이버 블로그는 당신이 직접 계획하고 행동으로 옮기고 그 결과를 눈으로 확인할 수 있다. 좋은 글이 누적되면 일 방문자수가 증가한다. 그 과정에서 재미와 즐거움, 성장과 발전을 경험한다. 작은 목표들을 하나씩 성취해나가다 보면 당장 수익이 발생하지 않더라도 장기적인 목표인 블로그 수익화에 닿기까지 힘을 내 버틸 수 있

◆ 저자가 만든 '네이버 블로그 수익화 대시보드'

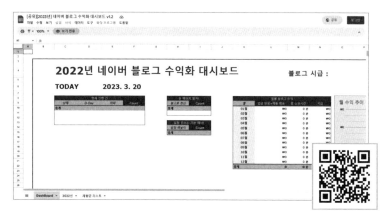

다. 꼭 블로그가 아니더라도 어느 한 분야에서 성공하려면 우리가 원하는 목표를 틈틈이 반복해서 뇌에 각인해주는 습관이 필요하다. 이것이 블로그로 당신이 뭔가를 꾸준하게 이루고 있음을 확인시켜 주는 대시보드를 사용해야 하는 마지막 이유다.

노선 일정 관리
템플릿

언제 어디서나 다양한 기기를 사용해 글을 쓰려고 여러 앱을 사용해봤다. 그중 누구나 무료로 사용할 수 있고, 기기 호환성이 매우 뛰어나 활용도까지 높은 노션을 5년째 사용하고 있다. 구글 스프레드시트로 만든 대시보드처럼 노션으로 네이버 블로그 운영에 도움이 되는 템플릿을 만들었다. 다음 페이지에서 확인 가능하다.

템플릿은 크게 주간, 월간 블로그 일정과 할 일(TODO 리스트) 관리 기능, 원고 작성 시간을 측정하기 위한 타이머, 각 콘텐츠의 본문을 기록하는 페이지로 구성되어 있다.

네이버 블로그의 전체 수익 관리에 최적화된 대시보드와 다르게 노션 일정관리 템플릿은 각각의 콘텐츠 관리에 최적화되어 있다. 그래서 출퇴근 대중교통에서도 아이디어를 기록하고 키워드를 나열하며 본문을 쓰는 용도로 사용하기 좋다.

◆ 저자가 만든 노선 일정 관리 템플릿 사용 예시

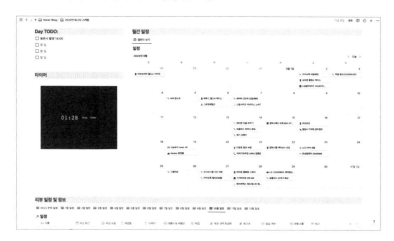

◆ 저자가 만든 '노선 일정 관리 템플릿'

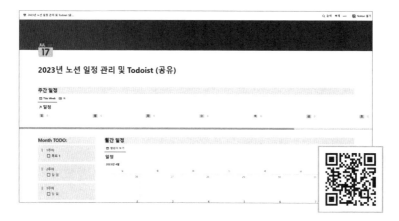

블로그 운영의 추가 정보 · PART 4

CHAPTER

2

'카더라 통신'
팩트체크

상위노출이 잘되는 IP주소가 있다?

예상했겠지만 상위노출에 유리한 IP주소는 없다. 반면 검색노출에 문제가 있는 IP주소는 존재할 수 있다. 스팸댓글, 스팸문서를 기계적으로 대량 등록하는 IP주소는 네이버가 스팸으로 분류할 수 있다. 두 가지 근거가 있다.

첫 번째, 실제로 내가 여러 차례 경험했다. 6년 넘게 '짜루의 이것저것 리뷰'를 운영하고 기업, 브랜드 블로그 컨설팅을 하면서 수많은 고정 IP주소를 활용해왔다. 대부분 정상이었지만 개중에는 마치 저품질이 된 것처럼 제목 그대로 검색해도 노출이 전혀 안 되는 IP주소가 더러 있었다. 이때 문제가 발생하는 IP주소로 발행한 콘텐츠를 삭제한다. 그리고 IP주소를 다른 값으로 변경한 뒤 똑같은 콘텐츠를 다시 발행하면 어떻게 될까? 정상적으로 노출된다.

물론 문제가 있는 IP주소가 할당될 확률은 극히 낮다. 그러나 문제는 스타벅스, 사무실, 독서실, 대중교통, PC방 등 공공장소에서 와이파이를 사용할 때 당신의 노트북, 스마트폰, 태블릿에 할당되는 IP주소가 임의로 결정된다는 데 있다. 운이 나쁘면 검색누락이 발생하는 IP주소로 콘텐츠를 발행해서 불이익을 받을 수 있으니 말이다.

두 번째, 지금은 사라졌지만 2020년 상반기까지 네이버 블로그에서 제공하던 [IP 차단] 기능이 확신을 줬다. 네이버는 스팸댓글, 스팸쪽지를 보낸 계정(ID)뿐만 아니라 IP주소까지 차단할 수 있는 기능을 제공했던 이유가 뭘까? IP주소 하나로 수십, 수백 개의 네이버 계정을 바꿔가면서 스팸댓글을 등록하는 마케팅 대행사들이 존재하기 때문이다. 실제로 크몽 같은 프리랜서 마켓에서 판매되고 있는 댓글과 이웃 관리 서비스가 그런 방식으로 이뤄진다. 네이버는 그런 불법 활동을 오래전부터 인지했다. 그래서 셀 수 없이 많은 스팸계정의 활동을 한 번에 막을 수 있는 방법으로 특정 IP주소를 아예 차단하는 기능을 제공한 것으로 보인다.

이를 개인적으로 해석해보면 다음과 같다. 특정 IP주소에서 프로그램(봇)으로 불법(예: 사설 도박, 모조품 판매, 불법 미용, 불허가 의약품 홍보 등) 콘텐츠를 기계적으로, 반복적으로, 대량으로 발행하거나, 무작위로 블로그를 돌아다니면서 동일한 스팸댓글을 등록한다면 네이버의 IP 스팸필터로 불이익을 받을 수 있다. 이는 출처(블로그) 자체를 스팸으로 인식하고 검색노출을 제한하는 저품질과는 다른 현상이다. 나처럼 상위노출이 잘되는 출처에서 발행한 품질 높은 콘텐츠라 할지라도 IP주소에 따라 검색누락이 발생할 수 있다는 것을 뜻한다. 물론 2022년 7월에 해당 기능이 사라지면서 해당 근거가 더 이상 유효하지 않을 수도 있다. 그러나 이후에도 몇 차례 잦은 검색누락에 시달리던 블로그들을 IP주소를 변경하는 방식으로 문제를 해결했다. 따라서 상위노출이 잘되는 IP주소는 없지만, 여전히 검색누락이 발생할 수 있는 IP주소는 존재한다고 정리할 수 있다.

그럼 이제 IP주소와 관련한 몇 가지 궁금증이 자연스레 해소될 것이다.

IP주소 관련 질문들

ⓠ 스마트폰으로 콘텐츠를 발행해도 될까요?

ⓐ 된다. 콘텐츠 제작 과정에서 네이버 블로그에 접속해 에디터를 실행하는 기기 종류와 그때 할당된 IP주소는 신경 쓰지 않아도 된다. 단, 발행만큼은 혹시 모를 문제를 대비해 공공장소 와이파이가 아닌 통신사의 이동 통신망(5G, LTE) 또는 가정용 인터넷을 사용하는 것이 좋다. 두 가지 모두 DHCP(Dynamic Host Configuration Protocol, 동적 호스트 구성 프로토콜)로 할당되는 유동 IP주소다. 고정 IP주소와 달리 상황에 따라 값이 변경될 수 있다. 그러나 재할당 빈도가 낮다. 특히 가정용 인터넷 같은 경우에는 한 번 할당되면 특별한 일이 없는 한 좀처럼 바뀌지 않는다.

이런 특징 때문에 네이버 블로그 콘텐츠를 무조건 집에서만 발행해야 안전하다고 강조하는 블로그 강사, 강의가 많다. 고정 IP주소처럼 보이는 유동 IP주소라는 사실을 모르고 하는 말이다. 가정용 인터넷이 공공장소 와이파이보다는 깨끗할 확률이 높은 건 사실이지만, 검색누락 같은 문제로부터 100% 자유롭지 않다는 점을 알아두자.

Q 고정 IP주소를 사용하면 좋을까요?

A 앞서 고정 IP주소처럼 보이지만 사실은 언제든 주솟값이 바뀔 수 있는 유동 IP주소에 해당하는 가정용 인터넷, 5G, LTE 등도 100% 안전하지는 않다고 했다. 따라서 깨끗한 고정 IP주소를 하나 마련해 거기서만 콘텐츠를 발행하는 것이 하나의 방법이 될 수 있다. 그러나 개인 블로그를 위해 값비싼 고정 IP주소 서비스를 이용해야 할 정도로 IP주소로 인한 검색누락 문제가 발생할 확률이 높지 않다는 점에서 나는 추천하지 않는다. 가정에 설치된 회선 자체에 문제가 있을 때 고정 IP주소 사용을 고려해볼 만하다.

Q 검색누락이 빈번해 IP주소를 여러 번 바꿨는데도 문제가 해결되지 않는데요?

A 앞서도 언급했지만 IP주소 때문에 검색누락 같은 문제가 발생할 확률은 매우 낮다. 검색노출 순위가 까마득하게 낮아 마치 검색이 누락된 것처럼 보이는 경우가 있다. 그리고 IP주소가 아닌 중복 이미지 사용, 짧은 시간에 동일한 키워드, 주제, 내용으로 콘텐츠를 발행해 검색결과에서 누락되는 경우가 있을 수 있다.

자신이 발행한 콘텐츠의 검색누락 여부를 확인하기 위해서는 콘텐츠 제목을 큰따옴표(" ")로 감싼 채 그대로 네이버에 검색해보면 된다. 큰따

큰따옴표 감싸기는 상세검색 기능 중 하나로 정확하게 일치한 결과만 화면에 출력해준다. 따라서 검색결과에 당신의 콘텐츠가 보이지 않으면 해당 제목의 콘텐츠는 검색누락 확정이다.

◆ 큰따옴표를 사용한 콘텐츠 검색누락 확인 예시

또는 블로그 주소만 입력하면 최근에 발행한 콘텐츠들이 누락되었는지, 정상적으로 노출되는지를 안내해주는 '웨어이즈포스트'(whereispost. com)를 이용해도 된다.

ID	제목	상태
/blog.naver.com/skdaksdptn/222973756910	맥세이프 핸드폰 거치대 동시에 아이폰 에어맞 매콜웍지 자량용 무선 충전기 후기 #맥세이프 #핸드폰거치대 #자량용무선충전기 #맥세이프거치대 #에어맞충전기 #아이폰충전기 #매콜웍지무선충전	✔
/blog.naver.com/skdaksdptn/222972638356	한컵오피스 2022 한글 2020 무료설치 체험판 대신 한컵스페이스 투스 #한컵스페이스 #한컵오피스2022 #한컵오피스2020 #한글2020 #한글2022	✔
/blog.naver.com/skdaksdptn/222972254594	윈도우 초기화 기능, 컴맹도 하는 컴퓨터 노트북 포맷 하는 법 #윈도우초기화 #컴퓨터포맷 #노트북포맷 #컴퓨터포맷하는법	✔
/blog.naver.com/skdaksdptn/222971909642	유튜브 음원 추출 사이트 및 유튜브 동영상 저장 다운로드 무료 방법 #유튜브다운로드 #유튜브음원추출 #유튜브음원다운로드 #유튜브음원추출사이트 #유튜브동영상다운로드 #유튜브동영상저장 #OnlyMP3 #anything2mp3	✔
/blog.naver.com/skdaksdptn/222971820264	아이폰 앱 정리 숨기기 보관함 삭제 방법 정리 #아이폰앱정리 #아이폰앱삭제 #아이폰앱숨기기 #아이폰앱보관함삭제	✔
/blog.naver.com/skdaksdptn/222971403697	삼성 갤럭시 대용량 파일전송 방법, 굿락 GOODLOCK 드랍쉽(Dropship) #대용량파일전송 #갤럭시파일전송 #굿락 #갤럭시굿락 #GOODLOCK #드랍쉽 #Dropship	✔
/blog.naver.com/skdaksdptn/222970315587	아이클라우드 사진 백업 사용법 및 저장공간 늘리기 #아이클라우드 #아이클라우드사진 #아이클라우드백업 #아이클라우드사용법 #아이클라우드저장공간	✔
/blog.naver.com/skdaksdptn/222970180442	Notion 노션 일정관리 스케줄러로 활용하기 (2023년 ver) #노션 #Notion #스케줄러 #일정관리	✔
/blog.naver.com/skdaksdptn/222969638803	쑥돌 운영체킹기 이링툴 항상 빡근한 저장인 필수템 #운영체킹기 #쑥돌 #히링툴 #저장인필수템	✔
/blog.naver.com/skdaksdptn/222969319831	인스타 차단 당하면 바뀌는 것들, 해제 방법까지! #인스타차단 #인스타차단당하면 #인스타차단해제	✔

참고로 발행 시점을 기준으로 최소 4시간, 되도록 24시간이 지난 뒤에 검색누락 여부를 확인하는 것이 좋다. 네이버 검색엔진 동작에 따라 검색 반영 시간이 그날그날 달라질 수 있기 때문이다.

저품질은 존재하는가?

저품질 관련 이야기는 풍성하다. 그러나 추측이 대부분이다. 그 이유는 네이버에서 공식적으로 저품질이라는 개념 자체를 부정하고 있기 때문이다. 정말 없을까? 네이버 검색엔진이 특정 블로그를 불신하고 그곳에서 발행되는 콘텐츠들을 평가해서 노출 순위를 결정하는 데 페널티를 줄 수 있다. 다음 네 가지 현상이 대표적이다.

네이버 블로그의 저품질 현상

- 신규 콘텐츠가 아예 노출되지 않는 현상
- 검색결과가 3페이지에 노출되는 현상
- 기존 콘텐츠의 노출 순위가 급격히 떨어지거나 아예 검색되지 않는 현상
- 검색 옵션을 최신순으로 정렬해야만 콘텐츠를 확인할 수 있을 정도로 순위가 밀리는 현상

쉽게 네이버 검색 생태계에 부정적인 영향을 주는 콘텐츠를 지속적으로 생산하는 출처를 스팸필터로 걸러서 검색 이용자들과 멀어지게 만든다고 이해하면 된다. 따라서 블로거들 사이에서 통용되는 저품질 현상은 분명 존재한다.

그러나 하루아침에 그것도 특정 콘텐츠 하나로 문제가 발생할 확률은 0%다. 확신한다. 저품질에 빠지는 이유는 사실 명확하다. 네이버가 싫어하는 글을 작성하고, 그게 점점 누적되어 출처의 신뢰도가 더 이상 신뢰할 수 없는 수준까지 하락했기 때문이다. 따라

서 두 가지만 주의하면 저품질 문제로 전전긍긍하지 않고 블로그 수익화를 오래 이어갈 수 있다.

첫 번째, 수익화 방법의 하나로 소개했던 애드포스트의 승인 반려 사유 중 하나인 운영정책에 어긋나는 키워드, 주제, 내용(예: 불법 도박, 불법 의료, 모조품 판매, 폭력물, 성인물, 불법 건강식품 소개, P2P 서비스 소개, 대부업 같은 사금융 등)으로 콘텐츠를 제작하면 안 된다. 네이버는 이를 타인에게 피해를 줄 수 있는 유해문서로 정의하고 검색노출을 제한하고 있다.

두 번째, 유사 콘텐츠의 늪에 빠지지 않도록 조심해야 한다. 특히 수익 모델의 거의 모든 것을 소개한다 챕터에서도 강조했지만 원고 단순 발행은 되도록 하지 않는 것이 좋다. 아니, 장기적으로 네이버 블로그를 튼튼한 머니 파이프라인 중 하나로 만들고 싶다면 처음부터 아예 거들떠보지 않아야 한다.

그러나 퇴근하고 5분 정도만 투자하면 건당 1만~2만 원, 많게는 수십만 원이 통장으로 입금되는 달콤한 유혹에 빠지는 사람이 생각보다 많다. 더욱 아쉬운 건 이제 막 C-Rank 점수가 어느 정도 올라와 키워드가 하나둘씩 노출되기 시작할 때쯤 여기저기서 제안이 오기 시작한다는 점이다. 처음에는 '이게 뭐지? 내가 직접 쓰지 않은 글을 블로그에 올리고 돈을 받아도 되나?' 하며 의심하고 꺼려하지만, 사업자등록증과 계약서까지 준비해 마치 합법처럼 느끼게 만드는 치밀함 그리고 자칭 마케팅 전문가라고 하는 원고 배포 업체 직원들의 감언이설에 홀라당 넘어갈 수 있다. 처음 시작이 어렵지 사실상 불로소득에 가까운 원고 단순 발행으로 수익을 맛보면 좀처럼 빠져나오기가 어렵다. 가뜩이나 매일 몇백 원, 몇천 원에 그치는 애드포스트 수익에 실망하고 있던 사람이라면 오히려 '아! 이렇게 해야 블로그로 돈 벌 수 있구나!' 하는 잘못된 생각을 할 수도 있다. 그럼 자연스레 콘텐츠 제작에 회의감이 들기 시작한다. 좋은 품질의 글을 작성할 필요성을 점점 느끼지 못하게 된다. 왜? 원고 단순 발행에 5분만 할애하면 50분 동안 공들여 작성한 콘텐츠로 벌어드리는 수익보다 훨씬 더 많은 수익을 기대할 수 있기 때문이다.

장담하건대 그런 블로그들의 말로는 저품질이다. 아이러니하게도 원고 배포 업체들이 저품질에 빠진 사실을 블로거보다 먼저 알고 더 이상 의뢰하지 않는다. 저품질 현상이 발생한 블로그에 발행해봐야 상위노출이 될 확률이 0%니까 비용을 생각했을 때 당연한 일이다. 그들은 상위노출이 될 만한 블로그를 찾아 단물만 쏙 빨아먹고 효용성이 사라지면 미련 없이 버린다. 당연히 당신의 블로그가 저품질에 가든 말든 전혀 상관없다. 그때 가면 매달 원고를 몇 개나 전달받고 그에 따른 진행비를 얼마나 받을 것인지 등이 기록된 계약서는 폐지나 다름없어질 것이다.

혹시 지금 '나는 원고 단순 발행을 해도 괜찮던데?' '일주일에 하나 정도는 괜찮지 않을까?'라는 생각을 하고 있는가? 아직 때가 아니라서 그렇지 결국은 스팸필터로 신뢰할 수 없는 출처로 낙인찍힐 것이다. 장담한다. 앞서도 언급했지만 특정 콘텐츠 하나 때문에 저품질 현상이 발생하는 경우는 없다. 따라서 만약 당신도 모르게 당신의 블로그에 암세포처럼 퍼져 있는 원고 단순 발행 콘텐츠가 있다면 당장 삭제하는 것이 좋다. 실제로 Naver Search & Tech 공식 블로그("UGC 검색 노출 기준 강화에 대해 안내 말씀드립니다")에 따르면 업체에서 전달받은 원고를 그대로 또는 약간 편집해 올리는 문서를 어뷰징 문서로 규정하고 있다.

어뷰징 문서들의 대표적인 특성

- 기계 생성으로 의심되는 문서

  기계적으로 대량의 글을 생산한 경우나 내용상 앞뒤 문맥이 전혀 맞지 않는 자동 생성기를 사용한 경우 검색결과 노출이 제한됩니다.

- 비체험 원고 문서

  업체에서 전달받은 원고를 편집해 본인이 직접 체험한 것처럼 올리는 행위는 검색결과 노출에 불이익을 받을 수 있으며 경우에 따라 노출이 제한됩니다. 또한 공정거래위원회에서는 경제적 대가를 받고 작성된 리뷰글에는 대가 관계가 있음을 표시하도록 권고하고 있습니다.

마케팅 대행사가 이미 완성해놓은 콘텐츠를 블로그에 그대로 올리면 도대체 어떤 문제가 발생하길래 하지 말라고 강조하고 또 강조하는 걸까?

먼저 원고 단순 발행이 어떤 방식으로 진행되는지 알 필요가 있다. 광고주에게 의뢰를 받은 마케팅 대행사는 광고주가 검색결과에 노출하길 원하는 키워드를 상위노출 하는 것이 목표다. 물론 그들은 검색엔진의 알고리즘과 로직을 잘 알고 있고 그만큼 품질 좋은 콘텐츠를 제작할 가능성이 있다. 그러나 콘텐츠 제작에 드는 비용을 최소화해야 영업이익률을 극대화할 수 있는 마케팅 업체 입장에서는 최소한의 노력으로 최대한 많은 콘텐츠를 확보해 대량으로 배포하는 무엇보다 중요하다. 그래서 초안을 하나 만들어놓고 재활용하는 것이 일반적이다. 우선 이미지를 조금씩 바꾼다. 그리고 서론과 결론 또는 문단마다 1~2문장 정도를 바꾸거나 어떤 글에서는 화자를 대학생으로, 다른 글에서는 직장인으로, 또 다른 글에서는 주부로 변경한다.

네이버 UGC(블로그, 카페, 포스트, VIEW 등) 검색엔진에는 창작자의 권리를 보호하기 위해 '유사문서 판독시스템'이 적용되어 있다. 원본문서와 유사문사를 구분하는 기술이 점점 고도화되면서 원고 단순 발행은 더욱더 위험한 수익화 도구가 되고 있다. 물론 같은 키워드가 사용된 콘텐츠들이 각기 다른 블로그에 발행되는 것은 자연스러운 일이다. 그러나 내용, 이미지뿐만 아니라 이야기를 전개하는 방식까지 비슷하다면 유사문서 판독시스템의 감지를 피해 갈 수 없다.

그렇다면 네이버 블로그를 운영하는 데 유사문서가 왜 위험할까? 저작권 침해도 문제지만 개인적으로 D.I.A. 로직에서 강조한 '창작자의 경험과 재해석'과는 거리가 멀기 때문이라고 생각한다. 보통 원고 배포 업체는 상위노출 확률을 높이기 위해 하나의 초안에서 파생된 다양한 콘텐츠를 한 번에 여러 블로그에 의뢰한다. 그렇다 보니 서로서로 복사하는 경우가 생길 수밖에 없다. 당연히 네이버는 누군가의 경험을 그대로 재활용하는 콘텐츠를 좋은 시선으로 보지 않고 페널티를 준다. 그리고 유사 콘텐츠가 쌓이면 쌓일수록 본인이 직접 경험하고 자신만의 시각, 특별함이 녹아 있는 콘텐츠들까지도 의심받을 확률이 높아진다. 그렇게 저품질의 늪에 점점 빠지는 것이다.

원고 배포를 의뢰하는 마케팅 대행사 대부분이 품질 좋은 콘텐츠를 준비했으니 걱정하지 말라고 한다. 오히려 자신들이 전달하는 원고는 네이버의 알고리즘과 로직에 최적화해 작성되었으므로 당신의 블로그 지수를 높이는 데 큰 도움이 될 수 있다고 한다. 저품질에 빠지는 결정적인 이유가 어뷰징으로 간주하는 유사문서 발행이라는 점은 절대 이야기하지 않는다. 신중한 사람이라면 원고 단순 발행 의뢰를 수락하기 전에 네이버, 구글 등에 관련 내용을 검색해볼 것이다. 대부분 블로그 생명을 담보로 푼돈 몇 푼 벌고 후회하시 날라는 후기가 많을 것이다. 이미 저품질 현상에 이러지도 저러지도 못하는 선배들의 생생한 경험을 반면교사로 삼자. 소 잃고 외양간 고치기는 성장이 더딘 네이버 블로그에 너무나도 치명적이니 말이다.

그런데 원고 단순 발행 경험자 중에는 이미지 중복만 피하면 안정적인 수익화 방법의 하나로 삼을 수 있다고 소개하는 경우도 있다. 실제로 원고 배포 업무를 담당하는 마케팅 업체에서도 다른 블로그에는 한 번도 사용된 적이 없는 깨끗한 이미지를 준비했으니 검색누락, 저품질에 빠질 걱정을 하지 않아도 된다고 말한다. 충분히 혹할 수 있다. 그러나 파트 2 유일무이한 이미지와 동영상을 사용하라 챕터에서 다룬 유사도 부분을 정독했다면 사실이 아님을 알 수 있을 것이다.

✳ 저품질이 아닌 품질 경쟁에서 뒤처진 건 아닐까?

네이버 검색노출은 철저한 경쟁 시스템이다. C-Rank, D.I.A., D.I.A.+, 유사문서 판독시스템 등 다양한 알고리즘과 로직으로 당신의 블로그와 콘텐츠를 실시간으로 평가하고 순위를 매긴다. 따라서 VIEW 탭 상위노출에 절대적인 것은 하나도 없다. 이 말은 어제 1페이지에 노출이 잘되던 당신의 콘텐츠라고 할지라도, 원고 단순 발행으로 수익을 창출하지 않았음에도 어느 순간부터 블로그에서 발행하는 콘텐츠가 2, 3페이지에 노출될 수도 있다는 의미다. 검색 엔진의 오동작으로 인한 일시적인 현상일 확률이 높지만, 몇 차례 지속된다면 검색 이용자들에게 도움이 되고 네이버가 선호하는 문서를 작성하기 위해 노력하고 있는지 되돌아볼 필요가 있다.

그리고 원고 단순 발행이 문제가 되는 이유 중 하나로 언급했던 유사문서의 늪에 스스로 빠지지는 않았나 주기적으로 확인해보자. 네이버 검색 이용자를 예비 고객으로 만들고자 블로그를 비즈니스 홍보 채널로 활용할 때 흔히 하는 실수가 하나 있다. 블로그에 발행되는 모든 콘텐츠를 같은 주제, 키워드로 공유하는 것이다. 이는 스팸, 어뷰징으로 인식되어 검색노출에 불이익을 받을 수 있다. 그래서 나는 기업을 대상으로 블로그 컨설팅을 할 때마다 항상 중간중간 비즈니스와 관련된 정보를 콘텐츠로 만들어 공유할 것을 권하고 있다.

평소라면 충분히 상위노출에 성공했을 키워드인데 생각보다 노출 순위가 낮고 그런 현상이 요즘 자주 발생하고 있다면 네이버가 지금 당신에게 간접적으로 경고하고 있는 것이다. 전반적인 블로그 운영에 대해 검토해보길 권한다.

제목과 본문을 수정하면
노출 순위가 바뀐다?

콘텐츠의 제목과 본문을 수정한다고 무조건 노출 순위가 바뀌지는 않는다. 상황에 따라 다르다. 먼저 바뀌는 경우부터 살펴보자. 당신이 네이버 검색결과에 노출하려는 메인 키워드를 A에서 B로 수정했다고 가정해보자. 그러면 제목뿐만 아니라 본문에 삽입된 키워드도 수정해야 한다. 이는 전혀 다른 문서가 된다는 뜻이다. 따라서 문서의 품질을 평가하고 순위를 결정짓는 알고리즘 역시 재분석을 진행한다. 그 결과 처음과 노출 순위가 달라질 수 있다. 어찌 보면 당연한 일이다.

물론 제목, 키워드, 내용을 수정한다고 해서 검색노출에 불이익을 받거나 블로그 지수(C-Rank 점수)가 내려가지는 않는다. 그러나 콘텐츠를 하나 발행해놓고 실시간 검색량이 많은 키워드를 콘텐츠와 무관하게 추가하면서 트래픽(검색 이용자 유입)을 늘리려는 행위는 어뷰징으로 간주한다. 따라서 콘텐츠 주제와 관련이 전혀 없는 새로운 키워드를 제목, 본문에 추가하면 안 된다.

그렇다면 이미지와 동영상을 수정, 추가, 삭제하는 것은 노출 순위에 영향을 줄까? 당연히 문서 품질 평가 요소에 이미지, 동영상이 포함되어 있으므로 영향을 줄 수 있다. 그러나 키워드 수정보다는 노출 순위에 끼치는 영향력이 낮다. 따라서 본문에 삽입된 대부분의 이미지와 동영상을 수정하는 게 아니라면 크게 신경 쓰지 않아도 된다. 그리고 제목, 키워드와 관련이 없는 오탈자와 잘못된 정보를 수정하는 것으로는 노출 순위가 바뀔 확률이 매우 낮다. 사소할 수 있지만 오탈자는 가독성에 부정적인 영향을 주므로 발견 즉시 바로바로 수정하는 것이 좋다.

금칙어와 금지어, 사용하면 안 되는 단어와 표현이 있다고?

검색창에 '네이버 블로그 금칙어, 금지어'를 검색해보자. 수많은 카더라 통신 콘텐츠를 확인할 수 있을 것이다. 잘못된 정보가 대부분이다. 게시물 운영정책에 어긋나거나 반복적인 원고 단순 발행, 표시광고법 위반으로 검색누락과 저품질을 경험한 사람들의 후기가 카더라 통신의 시발점이 되지 않았나 싶다. 마치 정석처럼 여겨지는 금칙어, 금지어를 살펴보면 '보험, 대출, 카드, 신용, 투자, 감면, 계약, 건강보조식품, 의료, 병원, 시술, 상담' 등 원고 단순 발행 의뢰 업체에서 주로 다루는 금융, 부동산, 의료 분야와 관련된 것들이 대부분이다.

그리고 제목과 본문에 의도하지 않은 키워드 때문에 검색누락이 발생할 수 있다는 카더라 통신도 있다. 예를 들어보자. '게이트볼'은 구기 종목 중 하나다. 이 스포츠의 규정과 용품을 소개하는 콘텐츠를 작성했다. 이때 '게이트볼'에서 '게이'가 선정적인 키워드로 인식될 수 있으니 이를 영어로 바꿔서 작성하라는 것이다. 또 하나, 본문에 '더 이상 보지 않아도 됩니다'라는 문장을 썼다고 가정해보자. 그런데 이번에는 여성의 생식기를 지칭하는 단어가 포함되어 있어서 위험하다고 한다. 헛웃음만 나온다. 문맥까지 이해하는 AI 알고리즘을 활용하는 네이버 검색엔진이 그렇게 바보일까? 물론 돌다리도 두들겨보고 건너면 좋지만 아예 헛다리를 짚었다. 노출이 안 되는 이유를 찾다 보니 괜한 곳을 의심하는 것이다.

이번에는 '청소년 자살 예방 상담을 위한 조언'이라는 제목으로 콘텐츠를 발행했다고 가정해보자. '자살'이라는 키워드는 상황에 따라 폭력적으로 해석될 수 있다. 그러나 본문은 전혀 그렇지 않다. 이번에야말로 게시물 운영정책에 위배되고 검색 이용자에게 노출하기 부적합하다고 판단해 불이익을 줄까? 당연히 아니다.

품앗이,
블로그 이웃 관리 필요할까?

네이버 블로그를 빠르게 성장시키는 방법의 하나로 활발한 이웃 활동을 꼽는 강의, 책이 많다. 결론부터 말하면 소용없는 일이다. 득보다는 실이 많고 그 시간에 콘텐츠를 하나 더 제작하는 것이 훨씬 도움이 된다. 1) 힘든 일을, 2) 서로 거들어, 3) 품을 지고, 4) 갚는 일을 품앗이라고 한다. 네이버 블로그에도 품앗이가 있다.

네이버 블로그의 품앗이

① 힘든 일: 일 방문자수 늘리기

② 서로 거들어: 서로이웃 맺기

③ 품을 지고: 이웃이 내 블로그에 방문해 최신 콘텐츠에 공감, 댓글을 남기고 일정 시간 체류하기

④ 품을 갚고: 공댓체(공감, 댓글, 체류 시간)를 남긴 이웃 블로그에 답방하기

당신이 온종일 이웃 블로그 100곳을 방문하면서 공감과 댓글을 남겼다고 가정해보자. 답방을 받으면 그날 기대 방문자수는 100명 이상이다. 품을 더 들여 300개, 500개 블로그를 방문하면 그 수치

는 더 오를 것이다. 이 방식을 사용하면 이제 막 블로그를 개설해서 콘텐츠가 몇 개 없더라도 방문자수를 빠르게 올릴 수 있다. 이게 어떤 의미가 있는까?

첫 번째, 일 방문자수를 중요하게 생각하는 체험단을 빠르게 시작할 수 있다. 대부분의 체험단 업체에서 캠페인을 진행할 블로그를 선정할 때 그동안 발행한 콘텐츠의 품질보다 방문자수를 가장 먼저 확인한다. 체험단 업무를 처리하는 직원은 소수인데 관리하는 캠페인은 많고, 신청자는 그보다 훨씬 더 많기 때문에 일단 방문자수로 줄 세우기를 하는 것은 어찌 보면 당연한 일이다.

두 번째, 애드포스트 승인의 반려 사유 중 하나인 페이지뷰를 충족하기 위한 방법의 하나가 될 수 있다. 그러나 관련 내용에서 정리했듯이 애드포스트 검수 신청일 기준으로 지난달보다 콘텐츠 제작에 얼마나 더 힘을 쏟았는지가 방문자수, 페이지뷰보다 승인 여부에 더 중요하게 작용한다. 일상에 치여 지친 심신을 이끌고 좋은 글을 쓰는 것만으로도 벅찬 당신이 수십, 수백 개의 블로그를 돌아다니면서 품앗이를 하는 일은 매우 비효율적이다.

세 번째, 유튜브 구독자수, 인스타그램 팔로워수와 같은 개념으로 영향력 지표 중 하나로 활용할 수 있다. 블로그 수익화 도구 중 마케팅 대행사 의뢰, 체험단, 서포터즈에 긍정적인 영향을 줄 수 있다. 블로그에 발행된 콘텐츠는 기본적으로 이웃들에게 노출된다.

물론 그들이 당신이 작성한 콘텐츠로 유입될 확률은 낮다. 그래도 광고주 입장에서는 유튜브, 인스타그램처럼 수백에서 수만 명에게 노출될 가능성이 있다는 점을 중요하게 생각할 수 있다. 그러나 실상은 여타 SNS와는 다르게 효용성이 낮다. 이웃수와 일 방문자수는 비례하지 않는다. 네이버 검색은 일회성에 그칠 확률이 높고 사용자들이 정보 검색 외 블로그를 먼저 찾지 않기 때문이다. 그리고 이웃수가 많다고 당연히 상위노출이 더 잘되는 것도 아니다.

따라서 득보다 실이 더 많다. 일단 시간을 너무 많이 잡아먹는다. 게다가 자신의 관심사와 거리가 먼 콘텐츠들을 읽고 관련 댓글을 다는건 매우 고통스럽다. 당신의 블로그에 방문하는 이웃들도 똑같이 고통스러울 수 있다. 그렇다 보니 어느 순간부터 품앗이 시간을 조금이라도 줄이기 위해 본문을 자세히 읽지도 않은 채 제목, 서론, 결론만 보고 내용을 예상해 댓글을 등록하게 된다. 아예 콘텐츠와는 전혀 무관한 안부를 묻는 댓글을 다는 이웃도 많을 것이다. 그런 사람들이 과연 체류 시간을 지켜줄까? 높은 확률로 공감 버튼을 누른 뒤 어림짐작으로 빠르게 댓글을 달아 눈도장을 찍고 바로 페이지에서 이탈할 것이다.

이런 유입을 뜨내기 방문자라고 부른다. 이들 덕분에 페이지뷰는 올라갈 수 있을지언정 당신이 공들여 작성한 문서가 읽을만한 가치가 없는 것처럼 보인다는 치명적인 단점이 있다. 블로그 지수를 높여 상위노출이 유리한 출처를 만들어야 하는 입장에서는 하등 필요 없는 존재들이다. 그래서 나는 프로그램을 사용해 기계적으로 등록되는 댓글(예: 오늘 날씨 참 좋네요. 글 쓰운 하루 보내세요! 등)들을 바로 차단한다. 물론 블로그를 매개체로 누군가와 꾸준하게 소통하는 관계를 맺는 것은 블로그 운영의 재미와 보람 중 하나다. 하지만 그런 소중한 이웃은 억지로 만들려야 만들 수 없다. 하나의 분야에서 꾸준하게 활동하다 보면 자연스레 생길 것이다.

TMI
Q&A

다음은 블로그 입문자가 자주 묻는 질문 몇 가지를 정리한 것이다. 분명 블로그를 운영하다 보면 생길 궁금증들이기에 유용할 것이다.

기타 유용한 질문들

ⓠ 각종 문서 프로그램에서 네이버 블로그로 글을 그대로 복사 & 붙여

넣기 해도 되나요?

Ⓐ 된다. 이때 각 프로그램에서 바로 가져오면 기존 서식(글씨체, 크기, 색상, 정렬)이 일부 적용될 수 있다. 그러면 일일이 에디터의 기본 설정값으로 바꾸는 데 불필요한 시간이 소요된다. 그러니 서식 없이 붙여넣는 단축키를 사용해라. 윈도우에서는 'Ctrl+Shift+V', 맥(Mac)에서는 'Command+Shift+V' 조합을 사용하면 된다. 대신 주의할 점이 하나 있다. 짧은 시간 내 복사 & 붙여넣기 방식으로 다수의 콘텐츠를 발행하면 검색엔진이 봇을 활용한 기계적인 활동으로 오인할 수 있다. 검색 불이익이 발생할 수 있으니 콘텐츠를 연속으로 올려야 하는 경우에는 최소 1~2시간의 간격을 두는 것이 좋다.

Ⓠ 블로그 스킨 디자인에 공을 들여야 할까요?

Ⓐ 당장은 시간 낭비다. 기업, 브랜드 블로그가 아닌 이상 쓸데없다. 아무도 안 본다. 블로그가 예쁘고 멋있다고 해서 대가성 콘텐츠 제작 의뢰가 더 많이 들어오지도 않고, 검색노출과도 전혀 상관없다. 물론 자기만족 측면에서는 의미가 있지만, 스킨 디자인에 힘 쏟을 시간이 있다면 검색 이용자들에게 도움 되는 문서를 하나라도 더 제작하는 것이 옳은 일이다. 나중에 블로그가 성장해 있어 보이고 싶어질 때쯤 비용을 지불해서 전문 디자이너에게 의뢰하는 게 훨씬 경제적이다. 디자인 작업 가격은 평균 7만 원 정도다.

Ⓠ 동일한 메인 키워드로 여러 콘텐츠를 만들어도 될까요?

Ⓐ 일정 기간을 두면 괜찮다. 짧은 시간 내 다수의 콘텐츠를 올리는 것만 조심하자. 1시간 동안 2,000자짜리 콘텐츠를 10개 발행했다고 가정

해보자. 당연히 사람의 힘으로는 불가능하다. 이런 경우에는 네이버의 사전 허락 없이 자동화된 수단(예: 매크로, 로봇, 스파이더, 스크래퍼 등)을 이용해 게시물을 발행하는 출처로 인식되어 불이익을 받을 수 있다. 물론 시간을 두더라도 본문이 직전 콘텐츠와 너무 비슷하면 앞서 저품질 현상의 원인으로 강조했던 유사문서로 빠질 수 있다. 이는 출처의 신뢰도가 낮아지는 문제로 이어지니 조심해야 한다. 참고로 나는 최소 한 달 이상의 기간을 두고 있다.

지금 당장
네이버 블로그를 시작하라

✳ 회사 덕분이다

회사 동기 둘 이상이 모이면 조직에 대한 불평불만으로 시작해 이직, 퇴사, 투자, N잡 이야기로 꽃을 피운다. 각자의 열망을 토로하고 원하는 것을 이루기 위해 그럴듯한 계획들이 어김없이 등장한다. 하지만 지금 이 순간에도 열망을 머릿속으로만 생각하고 노력 없이 보상을 바라고 있지는 않은가? 불확실한 운이 당신에게 닿길 기대하지 말자. 물론 모든 노력이 성공으로 이어진다는 보장은 없다. 그러나 어떤 분야가 되었든 간에 운이 맞아서 떨어질 때까지 노력을 지속하는 사람이 성공할 확률이 높다. 어떤 필요성(나는 지긋지긋한 회사에서 벗어나는 동시에 노력한 만큼 수익을 기대할 수 있는 일을 하는 것)에 대한 의식이 강한 사람은 환경을 탓하지 않는다.

내가 그랬듯이 당신도 회사에서 받는 스트레스를 행동의 시발점, 성장의 원동력으로 삼아보자. 무슨 일이 있어도 하루에 1~2시간은 미래를 위해 투자하자. "자신에게 투자하는 것은 인생에서 가장 중요한 투자다. 그것과 맞먹는 금융 투자는 없다." 세계 각 분야의 최정상에 오른 '타이탄'이 밝힌 놀라운 생각, 기적의 습관, 압도적인 성공의 비밀을 담은 책 『타이탄의 도구들』의 저자인 팀 페리스가 한 말이다. 당연히 그게 꼭 블로그일 필요는 없다. 평소 머니 파이프라인이 될 수 있는 것들에 관심을 두고 직접 부딪쳐라. 실패하고 좌절하는 것도 노력의 일부다. 그 과정에서 더 큰 노력을 쏟고 싶고 보람을 느끼는 일을 자연스레 찾게 될 것이다. 당신이 아직도 행동하지 않는 이유는 진정으로 뭔가를 열망하고 있지 않기 때문일 확률이 높다. 월급이 주는 심리적인 안정감이 유효할 때 뭐가 되었든 미리 준비해놓자.

✳ 전업 블로거의 삶

인터넷과 노트북만 있으면 그곳이 어디든 사무실이 된다. 일하고 싶을 때 일하고, 쉬고 싶을 때 쉴 수 있다. 이런 삶을 사는 사람을

'디지털 노마드'라고 부르며 많이들 동경한다. 그러나 현실은 가축을 거느리고 풀밭을 찾아 쉴 새 없이 거처를 옮겨 다니는 진짜 유목민에 더 가깝다. 350만 원 월급을 받을 때보다 금전적인 여유는 생겼지만 그 어느 때보다 치열하게 살고 있다. 새로운 머니 파이프라인을 하나라도 더 구축하기 위해 다양한 분야에 관심을 두고 가능성이 보이면 주저 없이 실행에 옮기고 있다. 마케팅 대행사 운영, 네이버 스마트스토어 운영과 컨설팅, 유튜브, 블로그 강의 그리고 지금 이 책 출간까지 다양하다. 어떨 때는 직장 생활보다 더 피로하고 더 큰 스트레스를 받곤 한다. 복에 겨운 소리라며 한 달만이라도 통장에 1,000만 원이 입금되었으면 좋겠다고 생각할지도 모르겠다. 왜 더 치열하게 살고 있을까? 몇 가지 이유가 있다.

첫 번째, 내 손과 노력으로 월급 외 수익이 발생하는 것을 경험한 이후로 성장 중독에 빠졌다. 회사에서는 좀처럼 기대할 수 없었던 노력에 대한 합당한 보상은 마치 마약과도 같았다. 이는 N잡러에게도 유효하다. 돈이 될 만한 아이템을 끊임없이 찾는다. 만족스러운 제품을 사용하게 되면 비슷하거나 완성도가 더 높은 제품을 찾아 더 저렴한 가격에 판매할 수 있는지 확인하고, 그럴 수 없다면 해당 제품의 브랜드에 협업을 문의한다. 전자는 스마트스토어, 후자는 마케팅 대행사 운영과 연결된다.

지금의 나를 만드는 데 일조한 아내가 황금만능주의에 빠진 게 아니냐며 장난스레 말할 때가 있을 정도다. 그러나 돈을 가장 소중한 것으로 여겨 지나치게 돈에 집착하는 사고방식이나 태도와는 거리가 있다. 어차피 해야 하는 노동이라면 어떻게 하면 더 효율적이고 생산적으로 수익을 올릴 수 있는지 항상 고민하는 것뿐이다. 노력에 대한 보상이 체감되기 시작하면 하루하루가 즐겁다. 회사에 있는 시간을 N잡에 투자하고 싶다는 생각이 절로 든다. 네이버 블로그 수익화 역시 마찬가지다. 성과가 눈에 보이기까지 컴컴한 터널이 길어서 그렇지 그곳만 벗어나면 쉴 새 없이 달리고 싶어질 것이다.

두 번째, 콘텐츠를 만드는 데 할애할 수 있는 시간과 제작비가 높은 일감이 한정적이다. 수익을 극대화하기 위해서는 누구에게나 공평한 24시간을 쪼개고 쪼개서 체계적으로 관리하며 최대한 많은 콘텐츠를 제작하거나 시간 대비 수익을 늘려야 한다. 누구나 적게 일하고 많이 벌고 싶을 것이다. 그럼 노동 시간의 가치를 높이면 된다.

그런데 네이버 블로그는 디지털 노마드보다는 디지털 노가다에 더 가깝다. IT·컴퓨터 분야에서 최상위 블로그인 '짜루의 이것저것 리뷰'를 운영하는 나는 유료 콘텐츠를 제작하고 발행하는 대가로 평균 30만 원을 원고료로 받는다. 그리고 '아이폰14 사전예약' '갤럭시S23 사전예약' 키워드처럼 경쟁이 치열하고 특정 기간 내 검색 상위노출이 이뤄져야 하는 시즌성, 이슈성 콘텐츠는 제작비로 100만 원을 받고 있다. 제작 시간은 어떤 콘텐츠냐에 따라 달라지겠지만, 사진을 촬영하고 본문을 작성하는 데 평균 3시간 정도 걸린다. 내가 만든 블로그 수익화 대시보드에 따르면 2022년 전체 블로그 시급은 24만 234원이다. 2022년 최저시급이 9,160원이라는 점을 생각하면 엄청나다. 그러나 매달 벌이가 월급처럼 일정 수준 보장되지 않는다는 점을 간과해서는 안 된다. 곳간이 빌 것 같으면 10만~20만 원짜리 협업도 진행해야 한다. 더 많은 시간을 할애해 더 많은 콘텐츠를 발행해야 한다는 의미다. 그리고 항상 일이 많은 것도 아니다. 경기가 안 좋아지면 기업들은 마케팅 비용을 축소한다. TV, 지면 광고, 유튜브보다 광고 집행비가 저렴한 네이버 블로그는 상대적으로 타격이 크진 않지만 그렇다고 영향이 아예 없는 것은 아니다.

물론 콘텐츠 양으로 승부하는 전업 블로거도 많다. 10만 원짜리 콘텐츠를 매달 100개 이상씩 발행하면 월 1,000만 원을 벌 수 있으니 말이다. 그러나 어느 한 주제에 집중하기 어렵다. 이것저것 잡다한 것을 다루는 블로그를 의미하는 '잡블'이 될 수밖에 없다. 특정 분야의 전문가를 우대하는 네이버의 기조에 어긋난다. 그러면 당연히 같은 시간 동안 한 우물만 판 블로그와 같은 분야에서 노출 경쟁 시 뒤처질 수밖에 없다. 대신 다방면의 일을 받을 수 있다는 점은 분명 장점이다. 그러나 평소 관심이 없던 내용으로 콘텐츠를 만드는 것은 매우 곤욕스럽다. 글쓰기 효율이 떨어진다. 오히려 직장 생활보다 삶이 피폐해질 수도 있다. 이런 이유로 만약 당신이 전업 블로거를 꿈꾸고 있다면 잡블보다는 스페셜리스트를 지향하라.

당신이 성장을 거듭해 언젠가 나처럼 네이버 블로그를 업으로 삼고 싶을 때가 올지도 모른다. 정답은 없지만 개인적으로 본업보다 적은 시간을 할애해 더 큰 수익을 6개월 정도 안정적으로 기록하면, 그때 가서 진지하게 고민할 것을 추천한다. 앞서 필요성이 강한 사람은 환경을 탓하지 않는다고 했다. 본업 때문에 블로그 성장이 가로막혔다는 생각이 든다면 자는 시간부터 줄여라. 내가 4시간씩 잤던 것처럼 말이다. 퇴사만 하면 뭔가 더 잘될 것 같다는 생각은 지금 당장 사무실에서 탈출하고 싶은 마음에서 비롯된 근거 없는 자신감일 확률이 매우 높다. 그런 실체 없는 자신감에 월급이 주는 심리적인 안정감, 은행권 대출을 활용한 레버리지 등 직장인이 누릴 수 있는 혜택을 내려놓는 것은 정말 바보 같은 일이다.

그리고 전업 블로거가 되었다면 당장의 수익 극대화에 힘을 쏟는 것도 중요하지만, 네이버 블로그를 활용할 수 있는 사업이 뭐가 있을까 끊임없이 찾고 고민하라. 네이버 블로그는 사용자에게 더 나은 검색 환경을 제공하기 위해 검색엔진, 알고리즘, 로직 등이 계속해서 새로워지고 있다. 물론 품질 좋은 글을 꾸준하게 작성하면 대우해준다는 절대 공식이 바뀔 가능성은 없겠지만, 운영정책 변화에 따라 기대수익은 얼마든지 달라질 수 있다. 지금 내 블로그에 매일 3만 명 이상의 이용자가 방문하지만, 특정 시점을 기점으로 방문자가 확 떨어질 수도, 오히려 더 늘어날 수도 있다. 예상할 수 없는 위험에 미리 대비할 필요가 있다. 따라서 네이버 블로그를 발판 삼아 진정한 N잡러가 되는 것을 목표로 삼는 게 좋다.

❋ 끝으로

데이트 비용을 조금이라도 아껴보자고 시작한 네이버 블로그 덕분에 서울 아파트를 매수했고, 외제차를 타며, 일하고 싶을 때 일하고 쉬고 싶을 때 어디로든 훌쩍 떠날 수 있는 삶을 살고 있다. 그리고 직장이 인생의 전부인 줄 알았던 내가 우물 안 개구리에서 벗어나 경험과 실천을 중요시하는 사람으로 변했다. 자신의 잠재력을 과소평가하지 말자. 매일 과제처럼 주어진 일을 처리하는 수동적인 삶에 만족하지 말자. 그럼 퇴직 후 고령자가 되어서도 지금보다 더 고단하고 만족스럽지 못한 삶을 살지도 모른다. 생각만으로도 아찔하다. 과거의 나처럼 업무 기술 외 쥐뿔도 가진 게 없다면 당장 네이버 블로그부터 만들자.

변화를 원하고 위험 없이 월급 외 수익을 창출하고 싶다면 아무리 바빠도, 아니 자는 시간을 아껴서라도 하루 1시간을 네이버 블로그에 투자하라. 대부분의 사람은 태생적으로 새로운 것에 도전하길 꺼려하고 안정을 추구한다. 실패에 대한 두려움 때문이다. 그러나 네이버 블로그 수익화는 실패하더라도 당신의 커리어나 통장 잔고가 무너지지 않는다는 장점이 있다. 이 책을 참고해 끈기 있게 품질 좋은 콘텐츠를 꾸준하게 올리기만 하면, 다양한 블로그 수익화 방법으로 언젠가 나처럼 월 1,000만 원 이상의 수익을 기대할 수 있을 것이다. 게다가 블로그를 매개체로 또 다른 N잡으로의 확장까지 가능하다. 완전히 남는 장사가 아닌가? 도전할 가치가 충분해 보이지 않는가?

이 책을 읽고 네이버 블로그에 도전하고 싶어진 사람은 아래 QR코드를 스캔하고 카카오톡 오픈채팅방에 입장해 네이버 블로그 운영 관련해 궁금한 점을 언제든 질문해도 좋다. 오픈채팅방에서 네이버 블로그를 같은 목적으로 운영하는 사람들과 소통할 수 있으며 관련 정보를 공유받을 수 있으니 큰 도움이 될 것이다.

나는 블로그로 월급보다 많이 번다

초판 1쇄 발행 2023년 5월 17일
초판 8쇄 발행 2024년 2월 19일

지은이 정태영(짜루)
브랜드 경이로움
출판 총괄 안대현
편집 김효주, 정은솔, 이제호
마케팅 김윤성
표지디자인 김혜림
본문디자인 윤지은

발행인 김의현
발행처 (주)사이다경제
출판등록 제2021-000224호(2021년 7월 8일)
주소 서울특별시 강남구 테헤란로33길 13-3, 7층(역삼동)
홈페이지 cidermics.com
이메일 gyeongiloumbooks@gmail.com(출간 문의)
전화 02-2088-1804 **팩스** 02-2088-5813
종이 다올페이퍼 **인쇄** 재영피앤비
ISBN 979-11-92445-34-2 (03320)